Daniel Babo



# SAVOIR PRENDRE
# la Carpe

Collection *BiblioPêche*

ÉDITIONS
DANAÉ

**Du même auteur**
**dans la même collection**

*Savoir prendre le brochet*
*Savoir prendre la truite*

A paraître à partir de mars 1995

*Savoir prendre le silure*
*Savoir prendre le gardon*
*Savoir prendre les salmonidés en montagne*
*Savoir prendre le sandre*

I.S.B.N. 2-909226-13-1.


4, rue de Ventadour
75004 Paris

Diffusion : Chiron

## Sommaire

# Le bonheur d'être carpiste

La carpe a toujours tenu une place particulière dans le cœur des pêcheurs. Prise convoitée pour son poids et la quantité de chair qu'on en tirait, on la pêchait autrefois pour se nourrir. Il faut souligner que sa chair, contrairement à une idée faussement répandue est de qualité correcte et même de bon goût pour celui qui sait la préparer. Son élevage, la carpiculture, était d'ailleurs très développé dans de nombreux pays européens où la civilisation judéo-chrétienne en avait fait un poisson à consommer les jours maigres : on trouve encore, près de certaines de nos abbayes, des étangs ou des bassins dans lesquels les moines élevaient ce magnifique poisson qui leur était une nourriture de base.

Avec l'arrivée des techniques de pêche sportives ambulatoires, les pêcheurs se sont tournés vers les espèces carnassières ou les salmonidés ; le nombre des amateurs de carpes s'est réduit... jusqu'à ce que cette dernière retrouve sa place dans le monde halieutique avec, notamment, l'introduction de la pêche à l'anglaise, où la finesse des montages et la recherche technique des appâts ont complètement relancé ce poisson.

Aujourd'hui, les pêcheurs sont de plus en plus nombreux qui se livrent à leur activité favorite avec l'espoir de devenir de bons carpistes ; on en veut pour preuve les concours de pêche à la carpe qui n'ont jamais étaient si nombreux dans le calendrier officiel de la fédération de pêche, sans compter tous les enduros qui fleurissent un peu partout où les eaux se prêtent à ce type de pêche.

## Carpe et carpes

Il existe en fait plusieurs espèces de carpe, mais elles se pêchent toutes avec les mêmes techniques et présentent les mêmes caractéristiques biologiques et physiologiques ; seul diffère leur aspect physique. Aussi les traiterons-nous toutes sous le nom générique de carpe. ce qui ne nous empêchera pas de les différencier et les identifier, car vous aurez toujours plaisir à savoir quelle carpe vous avez réussi à sortir.

L'espèce la plus courante dans nos eaux douces est **la carpe commune**, facilement reconnaissable à son corps entièrement recouvert de grandes et solides écailles. La couleur de son dos varie du brun verdâtre au bleu foncé alors que ses flancs ocres sont mêlés de gris avec des reflets dorés; le ventre montre une teinte blanche jaunâtre. Mais comme pour beaucoup de poissons, la couleur dominante de sa robe varie selon son habitat, ainsi la carpe commune qui vit en eau courante a une livrée plus claire que celle séjournant en eau stagnante.

Le dos brunâtre et les flancs ocres brillants de **la carpe cuir**, imitent la patine du cuir, d'où son nom; son ventre est le plus souvent jaune. Cette carpe est pratiquement dépourvue d'écailles à part quelques unes autour des nageoires et le long de la courbure du dos.

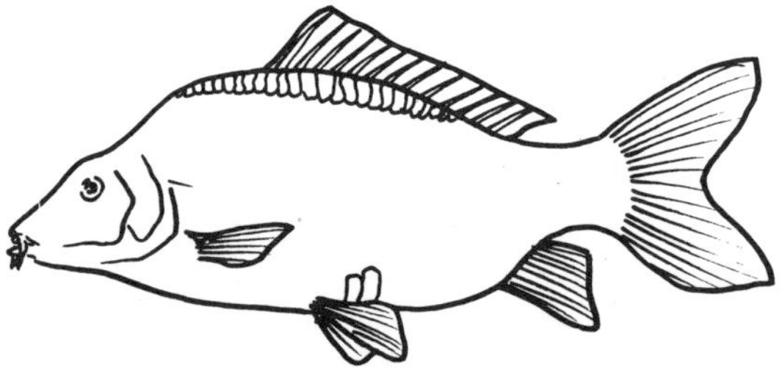

La carpe miroir doit son nom à ses grandes écailles très brillantes, de vrais réflecteurs, qui ont des puissants reflets dorés et roses. Ces écailles sont placées par plaques à des emplacements sur le corps qui varient d'un spécimen à l'autre, mais, le plus souvent, elles garnissent le dos et la ligne latérale.

Il existe des dizaines d'autres espèces dans le monde, mais elles ne vivent pas dans notre pays.

## Pour l'anecdote

Si vous déjeunez dans un restaurant asiatique, vous y trouverez presque toujours un aquarium contenant des petites carpes aux couleurs rouges, blanches et noires, et aux nageoires très développées. La présence de ces poissons est importante pour les extrême-orientaux car leur présence est signe de prospérité et abondance.

## Des détails physiques révélateurs

Ce qui surprend d'abord l'heureux pêcheur qui sort une carpe, est son corps massif. Cette masse de muscles est plus ou moins développée selon la rapidité de croissance de la carpe. Dans une eau chaude et riche en nourriture, la carpe croit vite et son corps prend un aspect haut et convexe. Si par contre vous lui voyez un corps aplati et fusiforme, soyez sûr qu'elle a lentement grandi dans une eau froide et pauvre en nourriture.

Carpe dans le courant

Carpe en eau dormante

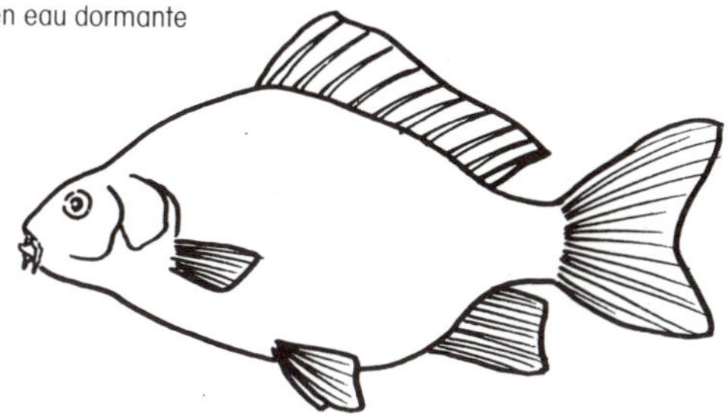

La température du milieu ambiant est un point important pour ce poisson et le pêcheur de carpes en tiendra compte aussi bien pour choisir ses coins de pêche que pour connaître le degré "d'agressivité alimentaire" de ses futures prises. Vous ne prendrez des carpes que si la température de l'eau est suffisamment élevée pour que ces dernières aient envie de manger.

## Estomac et thermomètre

Le pêcheur de carpes doit d'abord **posséder un thermomètre** pour lui permettre de savoir ce que lui réservent ses poissons favoris. Si la température de l'eau est inférieure à 10° C, les carpes sont en léthargie et leur activité alimentaire est nulle. Le mieux est alors de rester chez vous à préparer les montages utiles aux jours plus fastes.

Entre 10 et 15° C, la carpe commence à s'alimenter, elle recherche de préférence des proies carnées, vers, larves aquatiques ou petits crustacés et même alevins ou petits poissons. Mais ce n'est pas encore une période bien fructueuse pour le pêcheur qui attendra que la température monte au-dessus de 17 ou 18 ° C pour connaître des démarrages de ligne de plus en plus fréquents. Dès que la température de l'eau avoisine les 20° C, la fête commence et la carpe, redevenue omnivore, est prise d'une sorte de frénésie alimentaire. Vous en profiterez d'autant mieux que la douceur de l'eau a également pour vertu de lui faire perdre une partie de sa proverbiale méfiance... Moralité : prospectez vos coins de pêche en fonction de la température de l'eau et non pas en fonction d'une vague impression de "bon coin à carpes".

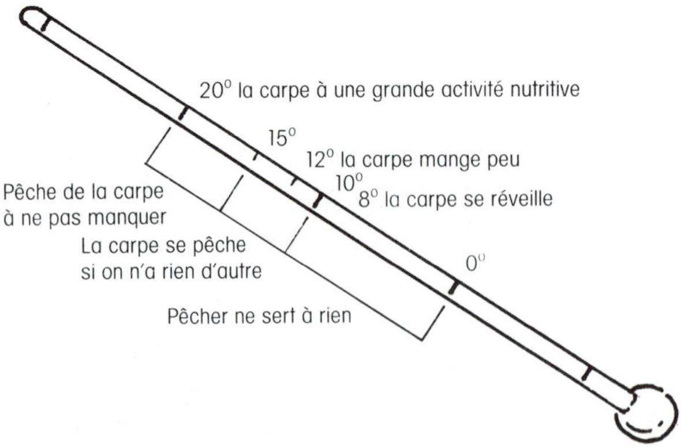


## Un poisson fouisseur

La carpe est le type même du poisson fouisseur, c'est à dire un poisson qui recherche sa nourriture en remuant le fond.

Sa bouche est protractile, bordée de deux lèvres épaisses en forme de bourrelets. La dureté des lèvres permet à la carpe de remuer le fond et de le frotter pour en détacher les particules et proies intéressant son estomac; contrairement à cette vieille idée reçue, la bouche de la carpe ne remue pas que des fonds mous, vase ou sable fin, mais elle opère aussi en raclant des fonds de graviers, de galets et même de rochers. Agissez donc en conséquence et loin de vous cantonner à des rivières ou pièces d'eau dont les fonds sont formés de substrats mous ou meubles, prospectez les lits durs que beaucoup de pêcheurs ignorent.

La dureté des lèvres oblige les pêcheurs, quelle que soit la technique de pêche pratiquée, à monter des hameçons très piquants et fins de fer : eux seuls peuvent pénétrer facilement dans ces bourrelets de surface aussi résistante que celle du cuir. Cela conduit à utiliser des hameçons de petite taille et à les aiguiser régulièrement entre deux mises en place de vos appâts; les grands hameçons sont trop longs à pénétrer assez profondément pour retenir une carpe et lui résister si elle est décidée à se libérer.

## Sélectifs et méfiants

La carpe dispose de quatre barbillons situés sur sa lèvre supérieure. Ils sont le complément tactile et sensible aux lèvres trop dures pour détecter et sélectionner ce que le poisson découvre en fouissant : les lèvres font fonction de bulldozer et les barbillons de trieuse. C'est dans ces barbillons que réside la sensibilité et donc la méfiance de la carpe. Ils détectent à la fois l'odeur, le goût et la consistance de la proie ou de l'appât et font de la carpe le poisson le plus méfiant qui soit.

Souvenez-vous que, contrairement aux autres espèces aussi méfiantes, la suspicion naturelle de la carpe prend toujours le dessus sur ses fringales.

Vous devez donc en tenir compte dans le choix de votre appât, dans la composition de votre amorce et surtout dans la façon de les présenter. Nous verrons plus loin les détails techniques mais retenez déjà cette règle immuable : pour pêcher la carpe, **l'appât doit cacher complètement l'hameçon** sur lequel il est esché de telle sorte que les barbillons n'entrent pas en contact avec le métal ; de plus, comme les barbillons déplacent l'appât avant que la carpe se décide à l'engamer, il ne faut en aucun cas qu'ils ressentent la moindre résistance ou rigidité suspecte ; la parade est d'utiliser en bas de ligne un fil fin et, surtout, très souple.

Enfin, et cela ne simplifie pas le tâche du pêcheur, la carpe prend tout son temps pour manger ; elle chipote d'abord en mâchouillant la proie sur le bord des lèvres avant de l'avaler, façon de manger qui pose le problème sans cesse répété : quand ferrer, maintenant ou plus tard ? La réponse est : tout dépend du type d'eau et de la technique employée.

## Arrêter une locomotive

La carpe, piquée par un hameçon, a un comportement moins violent que celui du brochet, de la truite ou même de la perche ; mais sa tactique n'en n'est pas moins efficace. Dès qu'un carpe se sent prise, loin de donner des coups de tête dans tous les sens, loin de démarrer en trombe vers la surface ou vers le fond, elle reste confiante dans sa puissance naturelle et se conduit à la manière d'une locomotive. Elle part d'abord lentement, presque toujours en ligne droite, puis accélère de plus en plus. Cette façon de se conduire pose quelques problèmes au pêcheur, problèmes qu'il faut savoir identifier et résoudre sur le champ sous peine de récupérer une ligne sans poisson.

En premier lieu, **repérez le plus vite possible le moment ou la carpe démarre** afin de ne pas vous laisser surprendre par la suite des événements. Dès que le fil sort imperceptiblement du moulinet ou que votre flotteur se déplace lentement dans une même direction, tenez-vous prêts à contrer le démarrage de votre prise. Vous devez ferrer pour faire mieux pénétrer l'hameçon et assurer la prise; il n'est pas rare qu'à ce moment-là votre hameçon ripe sur la lèvre et s'en est fini pour ce coup-là. Si, par contre, l'hameçon est suffisamment rentré et que le frein de votre moulinet est bien réglé, vous devez contrer l'accélération de la carpe au maximum pour éviter qu'elle n'aille se réfugier dans un poste encombré d'obstacles naturels comme, par exemple, des branches immergées ou des touffes de joncs ou de roseaux. Cette manœuvre n'est pas toujours facile, car on doit pêcher fin et le diamètre du bas de ligne n'est pas toujours aussi important qu'il le faudrait pour brider un "bestiau" qui peut peser plusieurs dizaines de kilos. Cette probabilité de casse fait aussi partie du plaisir de pêcher et elle intensifie la joie de la lutte et de la mise au sec quand la réussite est au bout.

## Un réflexe congénital

La carpe qui se sent accrochée garde un comportement à peu près constant; nous l'avons vu, **elle démarre en accélérant en ligne droite**, mais pas dans n'importe quelle direction. C'est qu'elle connaît bien le milieu où elle évolue pour y séjourner et retourner régulièrement sur tous les postes situés dans une zone déterminée. Ainsi mémorise-t-elle les endroits avec leurs conformations, postes avec ou sans obstacles. Donc, dès qu'elle est bridée, elle choisit de se rendre par le chemin le plus court vers le poste encombré le plus proche; elle a l'espoir d'y emmêler votre ligne et de ne plus avoir à lutter. Ce comportement spécifique, bien connu de tout pêcheur de carpes, permet certaines parades. La plus élémentaire est de pêcher en privilégiant les postes vides d'obstacles et suffisamment éloignés des zones encombrées, donc dangereuses en cas de démarrage. Vous avez ferré? Dès que la carpe commence sa trajectoire, bridez-la en essayant de la faire tourner et dévier de sa ligne de nage pour qu'elle perde momentanément son sens de l'orientation. Une carpe contrainte de tourner perd une bonne part de sa puissance et vos chances de succès augmentent… N'imaginez pas encore que c'est gagné : vous devez savoir être patient et fatiguer assez longtemps votre adversaire pour la récupérer.

## Une arme secrète

Lorsqu'on observe une carpe et plus particulièrement les premiers rayons qui soutiennent sa nageoire dorsale, on s'aperçoit qu'ils sont épineux et non mous comme les suivants, et qu'ils forment une sorte de scie. **C'est l'arme secrète de la carpe et elle s'en sert à merveille**.

Lorsque la carpe démarre en s'éloignant de vous, l'angle formé par le fil de votre ligne s'amenuise au fur et à mesure qu'elle s'éloigne et le fil finit par rejoindre le corps du poisson. La carpe profite de ce moment-là pour faire passer le bas de ligne sur cette scie qui, neuf fois sur dix, le coupe ; c'est ainsi que bien des pêcheurs récupèrent leur fil libre sans avoir eu le sentiment d'une lutte quelconque !

Face à l'arme du poisson, le pêcheur n'est pas sans ressource : il sait, par exemple que cette cause particulière de casse augmente au fur et à mesure que la carpe s'éloigne et que son intérêt est de brider rapidement pour limiter la distance. Il sait également qu'il lui faut éviter de laisser placer son bas de ligne sur le bord antérieur de la nageoire dorsale ; aussi peut-il se déplacer sur la berge de façon à écarter son fil de l'axe des rayons. Un telle manœuvre exige bien sûr une berge suffisamment dégagée pour se déplacer facilement : c'est un choix de poste à faire préalablement à toute action de pêche.

## Trophées possibles

Pêcher la carpe, c'est aussi prendre des poissons aux tailles exceptionnelles, surtout en eaux lentes où les spécimens sont plus lourds qu'en eaux courantes. Capturer des carpes de 3 à 4 kilos pour une longueur variant entre 40 et 50 centimètres est chose courante, et c'est déjà l'occasion de luttes mémorables ; Il vous arrivera même de tomber sur des "mémères" pesant plus de 20 kilos et dépassant les 70 ou 80 centimètres. Sortir de telles carpes est un exploit, même pour les spécialistes ! Vous l'immortaliserez par une glorieuse photo-souvenir avant de remettre votre prise à l'eau… La chair des petites carpes est bien meilleure et le respect de la nature impose de ne conserver que le juste nécessaire de votre besoin à table, en famille ou avec des amis.

## De mémoire de carpe...

"Elles ont connu Napoléon !"

Cette affirmation péremptoire est sans doute une façon d'encourager les visiteurs à admirer ces énormes carpes qui vivent dans les douves ou les pièces d'eau de certains châteaux jadis fréquentés par l'Empereur, mais ce n'est là que légende. Si la carpe est l'un des cyprinidés dont la durée de vie est parmi les plus longues, elle n'atteint jamais un tel nombre d'années. Dans son milieu naturel normal, une carpe vit environ une vingtaine d'années, mais il arrive que dans des conditions particulières, des pièces d'eau, par exemple, où elles sont abondamment nourries sans grand effort, elles peuvent compter trente ou quarante ans d'âge. Cela reste exceptionnel et ce n'est pas demain qu'une carpe vous racontera sa rencontre avec les aigles napoléoniens !

## Une naissance de printemps

La carpe se reproduit au printemps, plus particulièrement en mai et en juin, mais cette période peut être décalée selon la température des eaux. La conséquence pratique pour le pêcheur est que la carpe, comme beaucoup d'autres poissons d'eau douce, se nourrit peu et même très peu durant cette période, ce qui limite énormément les touches. Vous pouvez donc rester chez vous à moins que vous préfériez vous consacrer à la pêche de la truite, par exemple. (Voir dans la même collection et du même auteur *Savoir prendre la Truite*).

Une femelle carpe pond environ 100.000 œufs par kilo de son propre poids dès l'âge de quatre ans, âge où elle atteint sa maturité sexuelle. Après une semaine d'incubation, les œufs donnent naissance à des alevins. Cela peut vous sembler être une reproduction suffisante pour assurer la pérennité de l'espèce, mais il faut tenir compte de plusieurs facteurs indispensables au bon développement des alevins. Ainsi la mortalité de ceux-ci est plus ou moins importante si l'eau est trop froide, et si les prédateurs naturels sont nombreux dans le secteur. En vieillissant le carpeau reste fragile et peut attraper plusieurs maladies graves et souvent mortelles durant sa croissance, maladies qui atteignent aussi les carpes matures. Mais, rassurez-vous, ces maladies n'ont aucune conséquence sur votre propre santé.

## Pour trouver la carpe, cherchez les eaux chaudes

La carpe vit partout en France, à l'exception de la Corse. Mais avant tout, **elle privilégie les eaux chaudes** ou celles qui se réchauffent suffisamment vite en début de printemps. Votre recherche de coins de pêche tiendra naturellement compte de ce facteur important. Mais n'allez pas imaginer que le sud de la France est la seule région où l'on trouve des eaux adéquates ; il suffit parfois que la profondeur soit relativement faible pour que l'eau ne soit pas trop froide, même en hiver, comme cela se passe dans les marais soumis au climat océanique. Dans d'autres régions où le climat continental sévit, la période de pêche de la carpe est tout simplement raccourcie ; le printemps est trop court, mais sa pêche peut parfois se prolonger un peu plus tard.

Les seules régions où la présence de la carpe est fort incertaine sont celles de montagne où rivières et torrents restent froids même au plus fort de l'été. Les grands lacs naturels ou de retenue ne présentent guère plus de confort car, le plus souvent, ils sont alimentées par des eaux vives et froides et leur profondeur n'arrange rien.

Poisson des lacs et des étangs aux eaux calmes et chaudes, les carpes vivent aussi dans les eaux courantes des rivières peu profondes en particulier dans le sud de l'hexagone.

La carpe peut vivre dans une eau très chaude, supérieure à 25°, sans que le manque d'oxygène la perturbe. Il lui arrive souvent en été de venir aspirer de l'air en surface en faisant suffisamment de bruit pour qu'on puisse aisément localiser certains postes à carpes.

### A vous la carpe "nucléaire"...

Supportez-vous le froid ? Acceptez-vous de pêcher avec pour vis-à-vis la silhouette d'une centrale nucléaire ? L'implantation de centrales thermiques ou nucléaires sur le cours de certaines grandes rivières vous offre la possibilité d'allonger votre saison de pêche à la carpe jusqu'au cœur même de l'hiver. En effet, l'eau qui sort des turbines de refroidissement reste chaude sur plusieurs centaines de mètres, ou, parfois, sur quelques kilomètres en aval des centrales. A cette température les carpes se dispensent d'hiberner et elles restent possible à pêcher par les froids les plus rigoureux !

## Un poisson fort casanier...

La carpe est du genre casanier. **Elle se déplace dans une zone restreinte munie de quelques postes qu'elle visite avec une régularité de métronome**. A vous de localiser cette zone ; une fois "le coup" repéré, vous affinerez le parcours des poissons, les carpes vivant en petit groupe. Connaître le circuit le plus précis possible vous permettra de vous poster sur les endroits les plus dégagées, là où vous ne risquez pas de vous faire entraîner dans des obstacles juste après le ferrage ; ce point de détail est important, surtout si les carpes visées sont de belle taille.

Repérer la présence d'un poisson n'est pas simple ; cependant certaines espèces adoptent un comportement qui permet de déterminer assez précisément l'endroit où elles se trouvent. La carpe en fait partie. La connaissance des postes spécifiques aide beaucoup et fait gagner du temps dans les repérages nécessaires avant toute action de pêche. Mais, répétons-le, **vous devez prendre le temps d'observer la surface de l'eau**. Le temps ainsi utilisé se rattrapera par la suite, car les postes seront occupés par les mêmes carpes très longtemps. Les vieux pêcheurs le savent tellement bien qu'il est courant de les rencontrer sur les mêmes postes durant des années.

Le premier signe révélateur est cette espèce de bouillon que provoque la carpe à la recherche de sa nourriture lorsqu'elle fouille le fond d'une pièce d'eau ou d'un cours d'eau. En remuant le fond avec ses lèvres épaisses, la carpe provoque un dégagement de gaz contenu dans les substances en décomposition ; ce gaz remonte sous forme de grosses bulles qui viennent éclater en surface. Attention : plusieurs types de poissons provoquent ce phénomène, en particulier toutes les espèces fouisseuses. Seuls les bouillons que provoque une carpe sont réguliers et suivent une trajectoire quasi rectiligne.

Le second signe révélateur se perçoit lors de ces belles fins de journée chaude lorsque la carpe vient rechercher de l'oxygène en surface ; cela se passe souvent dans des bancs de nénuphars et provoque un remue-ménage facile à localiser. De plus, son aspiration émet un bruit significatif et que vous connaissez bien, celui d'un "bisou".

Le travail de repérage vous servira beaucoup par la suite et vous promet de fructueuses parties de pêche… si vous n'avez pas oublié de noter avec précision les postes repérés.

## Les postes en eaux closes et lentes…

Présente dans presque tous les types d'eau, la carpe trouve des zones propices à sa nourriture très variée, aussi bien en eaux closes, lentes ou courantes. Il est donc indispensable de connaître ses postes types dans les différents cas avant de vérifier s'ils sont occupés, comme nous l'avons vu plus haut.

On appelle eaux closes les eaux comprises dans une pièces d'eau et dépourvues de communication avec un ruisseau ; telles sont les grandes mares, les étangs, certains lacs et même les eaux lentes des canaux qui stagnent entre deux éclusages. Dans les eaux closes ou lentes, la carpe se tient de préférence dans les secteurs où la végétation aquatique est abondante.

**Vous pêcherez donc en bordure des bancs de nénuphars et des grands herbiers**, mais aussi le long des joncs et des roseaux, même si la profondeur est réduite. Pêcher près de tels obstacles n'est pas sans danger pour vos lignes et l'amorçage préalable est indispensable, comme nous le verrons plus loin ;

il doit se faire non en bordure immédiate de la végétation aquatique, mais un peu plus loin, en zone dégagée, pour attirer la carpe et éviter qu'elle emmêle votre ligne dès le ferrage.

De plus, comme la carpe effectue régulièrement le tour de ses postes, vous pouvez également amorcer les fonds dégagés entre deux postes dangereux.

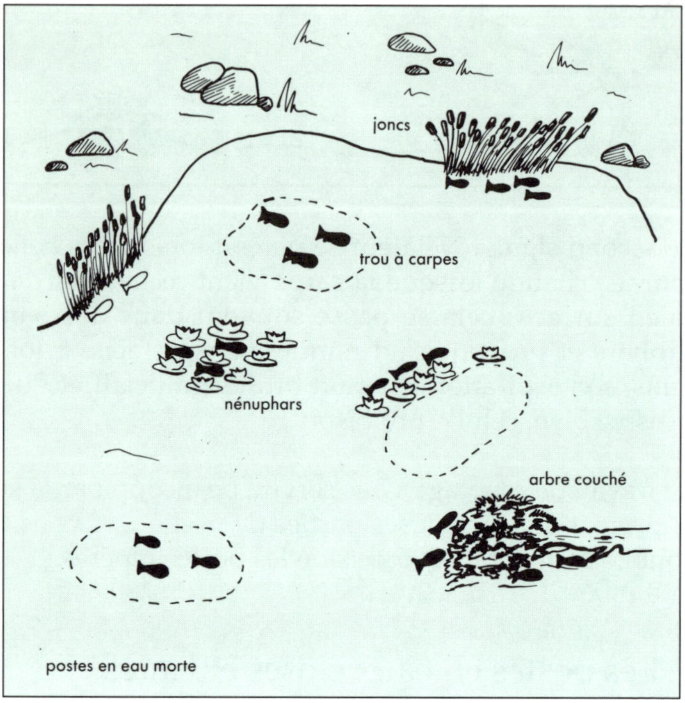


## … Et en rivière

La rivière est le type même des eaux courantes, plus ou moins rapides. Un de ses caractéristiques essentielles tient à l'éventuelle présence de la circulation fluviale; les bateaux ne sont appréciés ni des carpes, ni des pêcheurs contraints de ramener leur lignes. Inutile de perdre votre temps à rechercher des postes trop proches des zones de navigation; contentez-vous de ceux situés dans les zones hors trajectoires, ils sont suffisamment nombreux. **La carpe aime les rebords plats et herbus, là où le courant est moins rapide**; elle fréquente aussi volontiers les bras morts où la circulation est nulle et le courant très lent. On la trouve aussi en amont ou en aval des ouvrages d'art, comme les barrages, les ponts ou les écluses, à condition que ses constructions amortissent bien le courant. En fait, dans une rivière courante, là carpe recherche et séjourne dans tous les coins où les eaux sont ralenties.

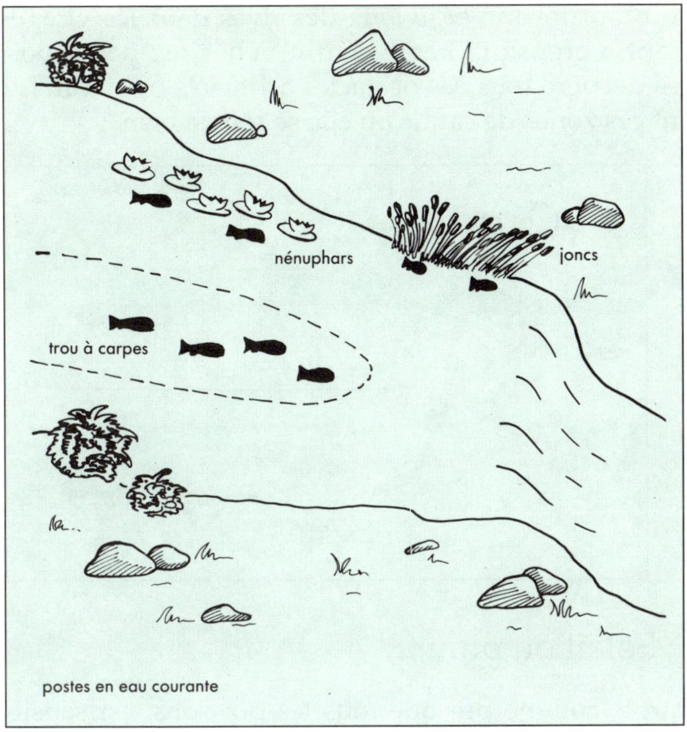


En rivière profonde, les habitudes de la carpe sont autres ; n'ayant plus d'herbiers en bordure, elle se tient près des parois où la nourriture, tels les vers arrachés à la terre, va lui être apportée par le courant. Elle stationne aussi **dans les méandres concaves** où le courant creuse une grande cave sous la berge ; là aussi, nous nous trouvons devant un poste où la carpe n'a plus qu'à attendre les proies que lui apporte le courant. Enfin, il faut aussi la rechercher en un gîte qu'elle affectionne particulièrement : **la fosse profonde située juste en aval d'un gros herbier** où elle retrouve une conformation d'habitat proche de celle qu'elle fréquente en eaux closes.

## En courant soutenu

La plupart du temps, une rivière à courant soutenu coule sur des fonds rocheux, de galets, de graviers ou de sable ; beaucoup imaginent ces fonds peu propices à la présence de carpes, mais c'est une idée fausse que dément, par exemple, l'abondance de carpes dans la Loire angevine. Dans ce type d'eaux, suivant l'habitude que nous lui connaissons bien, la carpe recherche les trous où le courant est amorti ; vous la trouverez aussi dans les reculées où le courant est quasiment nul ou tournoyant, et le long des rives dans les virages où le courant a creusé la berge. Enfin, n'hésitez pas à poser vos lignes derrière tous ces obstacles artificiels ou naturels qui lui créent ces zones de calme où elle se sent si bien.

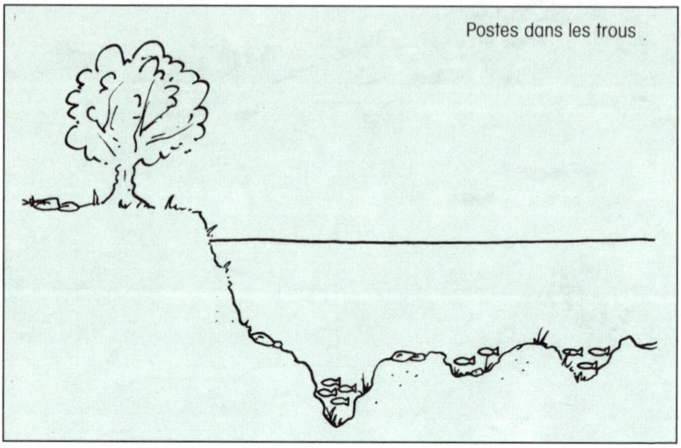


## Soleil ou pluie...

La carpe, comme presque tous les poissons, est sensible aux conditions atmosphériques et l'intensité de son activité alimentaire s'en ressent. Sachez cependant qu'elle ne réagit pas en fonction d'un seul élément : soleil, pluie ou vent par exemple, mais à l'accumulation de plusieurs facteurs dont l'ensemble forme un climat. **Ainsi vous devrez tenir compte tout à la fois de l'état du ciel, de la présence d'un vent précis et de la température extérieure**. A chaque combinaison de ces éléments correspondent des périodes favorables ou défavorables à la pêche des carpes, ce qui limite évidemment le nombre de vos sorties; il ne vous reste plus qu'à être philosophe et à vous dire qu'il en est de la pêche comme de toute autre passion : la modération évite la saturation...

Si le ciel est très clair, c'est à dire sans nuage, l'appétit de la carpe dépend de la présence et du type de vent qui souffle, même légèrement. Par vent venant du nord ou de l'est, le mieux est de vous consacrer à un autre poisson car la carpe reste bouche cousue; si, par contre, le vent vient de l'ouest, toutes les chances sont de votre côté, surtout par température ambiante élevée. La chaleur est-elle suffocante, sans un souffle de vent? Quelle qu'en soit votre envie, ce n'est pas le moment de vous assoupir : les démarrages risquent d'être nombreux.

Une forte chaleur peut aussi annoncer l'apparition de nuages puis la possibilité d'orage; l'arrivée des nuages provoque l'arrêt automatique des départs de lignes et, si tonne l'orage, il ne vous reste plus qu'à vous abriter : vous ne risquez pas de voir la moindre carpe s'intéresser à vos appâts. Craignez par contre la fureur du ciel et, par mesure de sécurité, éloignez vous de vos cannes surtout si elles sont en carbone.

...Le ciel se dégage, le soleil réapparaît : votre présence devient à nouveau indispensable; c'est en effet un moment privilégié où les carpes mangent goulûment tout ce qu'elles trouvent.

Même si la carpe préfère le beau temps, la pluie ne la rebute pas; ce sont souvent les pêcheurs qui se trouvent des excuses pour ne pas affronter le mauvais temps et ils ont grand tort. Une fois de plus, **consultez la rose des vents** : par temps de pluie, en présence d'un bon vent du sud bien chaud, vous devez être à votre poste de pêche, car la carpe se déchaîne. Par vent d'ouest, elle se nourrit normalement

Vient-il par contre du nord ou du nord-ouest que la carpe trouve que ce vent refroidit son eau et boude sa nourriture; vous avez enfin une excuse pour rester chez vous...

## Elle aime l'eau claire et stable

L'un des habitats préférés de la carpe est l'étang. Les eaux, il est vrai, en sont le plus souvent teintées et c'est de là qu'est née sans doute cette idée reçue que la carpe aimerait les eaux troubles. Il n'en n'est rien : elle aime les eaux claires! Et vous devez tenir compte de ce point important lors de vos recherches de postes, et ne retenir, closes ou courantes, que les eaux claires! En pratique, **la carpe évite les eaux boueuses ou trop chargées en substances organiques en suspension**; c'est pourquoi le marais en général, n'est pas un milieu où la pêche à la carpe donne de bons résultats.

Par eau claire et dans les conditions météorologiques favorables que nous avons déjà évoquées, la carpe se nourrit à un rythme normal; elle se déplace un peu plus qu'à l'ordinaire et vous veillerez à ne pas vous faire voir lorsqu'elle longe les bordures; vous attacherez encore plus de soin que d'habitude à présenter des appâts qui cachent bien les hameçons et à disposer de fils très souples.

L'eau se trouble-t-elle, suite à une petite crue ou à une précipitation drue et persistante, que la carpe ralentit fortement son activité alimentaire ; les prises aussitôt se font plus rares. Il semble même qu'elle évite de manger des appâts farineux pour ne s'intéresser qu'à des appâts carnés.

Haut ou bas, le niveau de l'eau est sans influence sur l'appétit de la carpe s'il est stable ; mais, que ce même niveau monte ou descende, et la voilà toute perturbée et sans intérêt pour la nourriture. C'est la raison pour laquelle, lorsqu'on veut pêcher en canal, il faut préférer les voies d'eau peu fréquentées aux biefs où le travail des éclusiers est incessant. En eau courante, rivière ou fleuve, les crues et décrues, même faibles, ne sont pas favorables ; craignez donc les étés orageux peu propices…

## Résumons-nous

Il est temps de faire le point sur les périodes de l'année où les conditions de pêche à la carpe sont bonnes ou mauvaises. En hiver, les résultats sont nuls à cause de la température trop basses des eaux, à moins de profiter des eaux chaudes d'une centrale nucléaire.

Au printemps tout dépend de la vitesse de réchauffement ; dès que l'eau atteint 15° C, on peut reprendre ses parties de pêche si l'état des eaux et du ciel sont favorables. La seule esche valable est alors le très gros lombric et le meilleur moment est le milieu de la journée. N'oubliez pas qu'en juin, durant sa période de reproduction, la carpe cesse de se nourrir.

Il faut donc savoir attendre la chaleur estivale : la vraie saison ne démarre en fait qu'en juillet, mois où l'eau atteint les 20° C, température idéale. Durant la première quinzaine de juillet, la carpe sortant d'une période de jeûne et les gros vers donnent de bons résultats. Ensuite et durant tout l'été, période qui peut se prolonger jusqu'à la mi-septembre si le temps reste chaud et beau, eschez des appâts farineux simples ou mixés entre eux.

Tout au long des mois chauds, les carpes peuvent mordre à tout moment, mais rarement tôt le matin ; la carpe n'est pas un poisson matinal et vous ne pouvez guère commencer à la traquer avant que le soleil soit haut dans le ciel. Par contre, la carpe reste encore bien active en fin de journée, à la limite de l'heure légale de pêche située une demi-heure après le coucher du soleil en prenant l'heure du calendrier des PTT pour référence.

Enfin, la carpe peut encore se prendre au début de l'automne tant que la température de l'eau ne descend pas en dessous de 15° C; mais dès que les nuits fraîchissent et que les arbres perdent leurs feuilles, vous pouvez remiser votre matériel de pêche jusqu'au printemps prochain.

# Pour créer les bons réflexes, sachez utiliser amorces et appâts

Il doit y avoir correspondance entre l'amorce et l'appât utilisé. Cela vous parait évident ? Tant mieux, mais combien de pêcheurs ignorent cette règle de bon sens. ...**Amorcer, c'est attirer la carpe, mais aussi l'habituer à manger un produit précis avec sa consistance et son odeur propres** ; il faut donc que notre poisson ne fasse aucune différence entre l'amorce qu'elle a déjà consommé et l'appât présenté. Qu'elle trouve une dissemblance et vous verrez sa méfiance prendre l'emporter : il y a toutes chances qu'elle évite l'appât suspect !

Les différents appâts et amorces seront étudiés dans les chapitres techniques ; ce qui compte avant tout est de bien comprendre la façon dont on doit procéder et coordonner ces deux étapes : amorçage et présentation de l'appât.

## Préparer son "coup à carpes"

Une fois localisé, le " coup à carpes" se prépare à l'avance. Ne vous arrêtez pas sur un unique endroit très précis : vous savez que la carpe, loin de rester en place, effectue à une fréquence quasi régulière la tournée des mêmes coins situés sur une zone plus ou moins grande. Il vous faut donc travailler sur toute cette zone où vous avez repéré que les carpes dessinent leur périple. Ce repérage vous aura sans doute donné quelques difficultés, c'est en quelque sorte une lecture des signes laissées par la carpe : bouillons ou remue-ménage par exemple.

Peu importe que ces signes soient ou non tracés par une même carpe, l'espèce pratique le voyage organisé : les carpes se déplacent en groupe de quelques unités qui font toutes le même périple et visitent les mêmes lieux. Au cours de ces déplacements, elles trouvent des aliments qu'elles absorbent sans trop de méfiance puisqu'elles les rencontrent à chaque passage. En amorçant, vous introduisez un "plat" nouveau qui va les perturber ou même les éloigner dans un premier temps. Le but est de les **habituer à votre amorce** pour qu'elles y goûtent puis qu'elles acceptent de l'inscrire a leur menu habituel…

## De la persévérance et de la régularité

Cette préparation du "coup à carpes" prend du temps, surtout au tout début. Ne manquez pas d'amorcer tout les postes possibles du circuit présumé en y lançant deux ou trois boulettes de votre mélange. Ces boulettes adopteront la taille d'une orange dans laquelle vous mettrez naturellement l'appât utilisé le jour de la partie de pêche, mais aussi du lest - sable, terre ou limon - nécessaire à la maintenir sur le fond ; ce dosage du lest se fait en fonction de la force du courant sur la zone à amorcer ; n'hésitez pas à alourdir votre amorce, même en eau close.

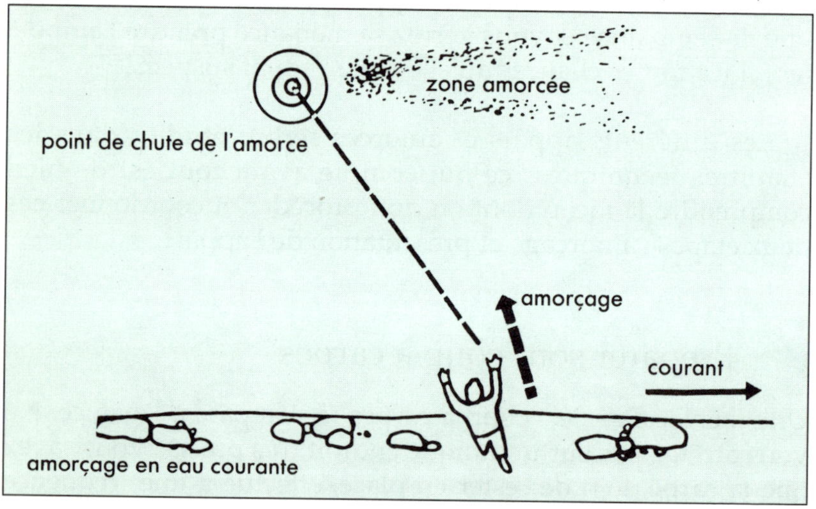


Vous amorcerez tous les jours et à la même heure pour créer chez l'animal une sorte de réflexe cette régularité, vous ajouterez la constance : les carpes vont peu à peu préférer votre amorce aux autres proies et si, par malheur, elles s'en trouvent privées un jour, la chaîne sera cassée ; il vous faudra tout recommencer à zéro. La durée pour préparer correctement un coup est d'une semaine environ, parfois un peu plus en eau très courante. Les bons moments d'amorçage sont tôt le matin quand les carpes somnolent encore, avant qu'elles commencent à circuler.

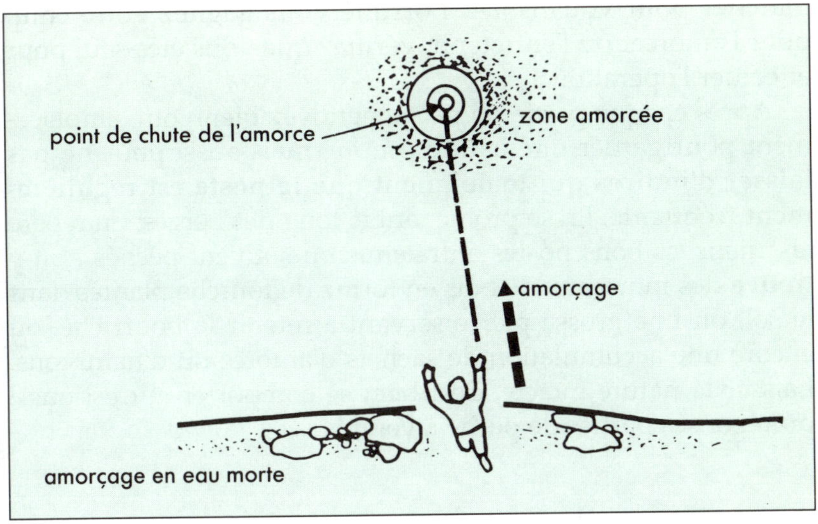


## N'hésitez pas à revenir sur les lieux du crime…

Naturellement vous éviterez cette erreur commune aux débutants qui déversent des seaux entiers d'amorce ; le seul résultat qu'ils obtiennent est de tuer leur coup. Mais le jour où vous pêcherez sur le coup préparé, vous serez attentif à diminuer votre amorçage pour que votre appât exerce toute son attirance. Si vous amorcez trop, il n'y a en effet aucune raison pour que les carpes repèrent votre esche. Et, gavées, elles seront moins enclines à continuer leur quête de nourriture.

Une fois pêché, le coup s'entretient car les carpes survivantes continuent à fréquenter les mêmes lieux. Il faut donc revenir tous les jours, jusqu'à la prochaine partie de pêche, pour amorcer et ne pas casser le rythme. Les bons carpistes entretiennent ainsi un certain nombre de coups durant toute une saison. C'est facile en vacances mais quelque peu contraignant lorsqu'on travaille !

## Sachez cultiver la discrétion…

Si les meilleurs coins à carpes sont ceux que vous avez amorcés et entretenus encore faut-il que vous les trouviez libres lorsque vous arriverez pour pêcher ! L'homme est ainsi fait, et le pêcheur en particulier, qu'il n'hésite pas à squatter un poste qu'il n'a pas préparé. Pour éviter ce type de désagrément, procédez toujours dans la plus grande discrétion. Choisissez des coups éloignés des accès faciles aux berges et n'hésitez pas à marcher pour vous isoler. Lorsque vous gagnez votre coup pour l'amorcer ou l'entretenir, vérifiez que vous êtes seul pour effectuer l'opération.

Après chaque partie de pêche nettoyez bien votre emplacement pour garder une nature propre, mais aussi pour **ne pas laisser d'indices qui témoignent que le poste est régulièrement fréquenté**. En se promenant le long des berges, on repère aisément les bons postes entretenus ou souvent pêchés : on y trouve des morceaux de bois en forme de fourche plantés dans le sol, ou une grosse pierre servant à retenir la bourriche, ou encore une accumulation de sachets d'amorce ou d'hameçons. Laisser la nature intacte, c'est bien se comporter et c'est aussi protéger ses parties de pêche à venir.

## Pêcher en barque

La carpe se pêche aussi à partir d'une barque, surtout en étang ou sur une rivière lente. L'emploi d'une embarcation permet de pêcher des coups éloignés des berges, donc moins fréquentés par d'autres pêcheurs. Cela ne va pas sans quelques difficultés ; les carpes sont tellement méfiantes que la présence d'un corps étranger, une barque à plus forte raison, ne peut que les déranger et même les faire fuir sur une autre zone. **Vous approcherez donc de la zone de pêche dans le plus grand silence**, à la rame ou avec un petit moteur électrique. Dans un cas comme dans l'autre, il n'est pas question de pousser l'embarcation jusqu'au circuit parcouru par les carpes. Vous ancrerez assez loin et l'amorçage de préparation se fera à distance à l'aide d'une fronde, ce qui demande un peu d'entraînement pour être précis ; il en sera de même pour l'action de pêche proprement dite ce qui vous obligera à pêcher à distance à la plombée ou au flotteur. Comme pour pêcher à partir du bord, ne laissez pas de traces indiquant votre coup, en particulier en plantant des fiches d'amarrage.

## Les techniques de pêche

Les techniques de pêche ont toutes un point commun : pêcher le fond, c'est à dire présenter l'appât bien posé sur le fond, pour qu'il se trouve à la portée de la bouche et des barbillons de notre poisson fouisseur. On peut aussi pêcher en soutenant son appât juste au dessus du fond, mais jusqu'à preuve du contraire, cette technique ne donne pas d'aussi bons résultats ;

peut-être la carpe trouve-t-elle bizarre qu'une proie inerte erre entre deux eaux ? Mais le plus probable est que la carpe ne voit pas l'appât puisqu'elle avance en fouillant le fond, la tête tournée vers le bas.

Les techniques les plus courantes, et on peut même dire celles issues de notre culture halieutique, sont la pêche au coup, la pêche à la posée avec flotteur et la pêche à la plombée classique ou avec amorçoir. Toutes ces techniques ont fait leurs preuves d'efficacité quand elles sont pratiquées dans les règles de l'art, c'est à dire en respectant scrupuleusement les moindres détails qui font souvent la différence.

Aujourd'hui, on peut ajouter à ces techniques classiques une autre façon de pêcher dont la philosophie nous vient outre-Manche. On peut parler de philosophie quand on pratique cette pêche de la carpe à l'anglaise qui allie finesse et fair-play et conduit à modifier radicalement sa démarche intellectuelle. Cette technique anglaise est une vraie révolution qui, d'ailleurs, a l'air de plaire aux pêcheurs français nombreux à la pratiquer et à découvrir les avantages particuliers d'une nouvelle génération d'appâts personnalisés : les bouillettes.

Avant d'étudier dans le détail les techniques bien de chez nous, voyons quels sont les appâts qui leur sont communs, la façon de les préparer, de les escher et, surtout, avec quelles amorces les marier.

## Les esches carnées

Pour pêcher la carpe, **les esches carnées se limitent aux vers**. Vous les utiliserez à quelques moments bien précis de l'année : en début de printemps ou au milieu de l'automne lorsque la température de l'eau est inférieure ou égale à 15° C ; fin juin ou début juillet tout de suite après la fraie et la ponte des carpes.

Il existe plusieurs espèces de vers utilisables pour prendre des carpes, mais elles ne s'utilisent pas indifféremment ; chaque espèce a sa propre utilité dans des conditions bien précises.

Le **lombric** est le ver le plus connu et le meilleur pour la carpe ; vous devez l'utiliser en eau froide ou juste après la période de ponte. Sa masse volumineuse attire une carpe affamée ce qui ne vous empêche pas d'escher plusieurs lombrics sur un même hameçon pour renforcer l'effet volumineux de l'appât. Pour l'eschage, le mieux est d'utiliser un hameçon simple à hampe longue sur laquelle on peut faire remonter le ou les lombrics afin de bien dissimuler le piège. La taille de l'hameçon et le diamètre du fil seront indiqués ultérieurement pour chaque technique. Pour revenir à nos lombrics, ce sont des appâts faciles à se procurer et à conserver. On peut soit en acheter dans tout magasin d'articles de pêche, soit les ramasser soi-même ; dans ce dernier cas, il faut en faire provision les jours pluvieux où ils remontent en surface, de jour ou, mieux, de nuit, à l'aide d'une lampe électrique. Leur conservation est facile ; il suffit de les mettre dans un seau rempli de terre et recouvert d'un sac de jute humecté régulièrement. Par contre, il faut éviter de les mettre dans du marc de café, comme le font certains pour les durcir, car son odeur est tenace et la carpe ne reconnaîtra pas cet arôme inhabituel.

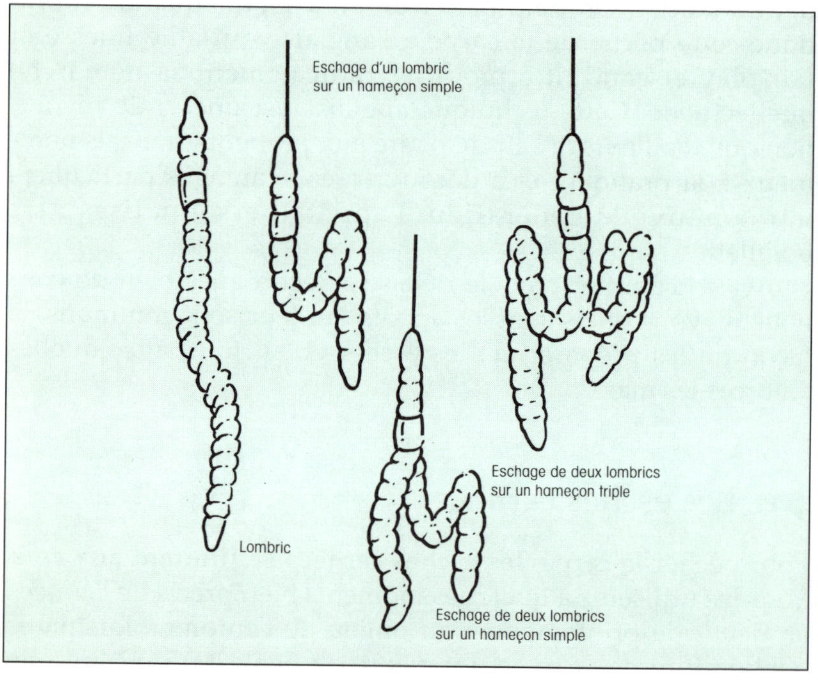


## Les autres vers

Les carpes connaissent bien les **vers roses des berges** car elles en trouvent lorsque les eaux en crue ravinent la terre des berges ; par contre peu de pêcheurs savent les reconnaître. Le ver rose mesure 5 ou 6 cm de long ; comme son nom l'indique, il est de couleur rose clair avec une selle bien marquée. On le trouve dans les parois des berges et il se conserve dans une boite en bois, garnie de mousse qui doit toujours rester très humide. Eu égard à sa petite taille, il est quasiment indispensable d'escher plusieurs spécimens sur un même hameçon simple assez fin de fer. Vous devez l'utiliser juste après une crue, dès que le niveau de l'eau se stabilise ; il est efficace même en eau relativement chaude.

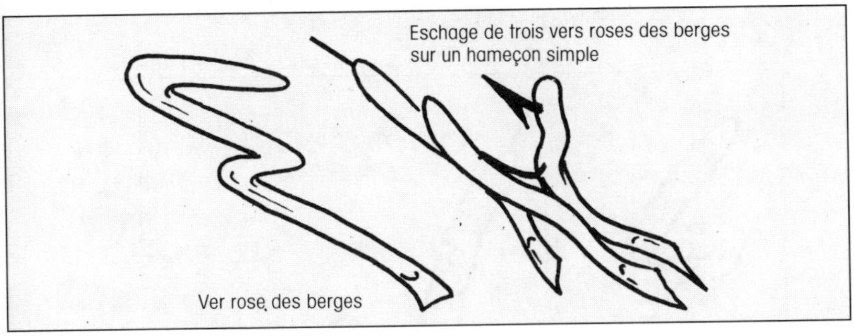


Le **ver de terreau**, facilement reconnaissable à sa couleur rouge et à ses anneaux blanchâtres, ne sera utilisé que si on n'a pas d'autres vers sous la main. Théoriquement on le trouve dans des végétaux en décomposition et dans ce cas là il est acceptable, mais le plus souvent il vit dans le fumier et son odeur nauséabonde pour l'homme est aussi repoussante pour la carpe. Il s'esche par un, deux ou trois sur un hameçon simple à hampe moyenne et fin de fer. Vous pouvez éventuellement l'utiliser lorsque la température de l'eau diminue subitement de quelques degrés au beau milieu de l'été.

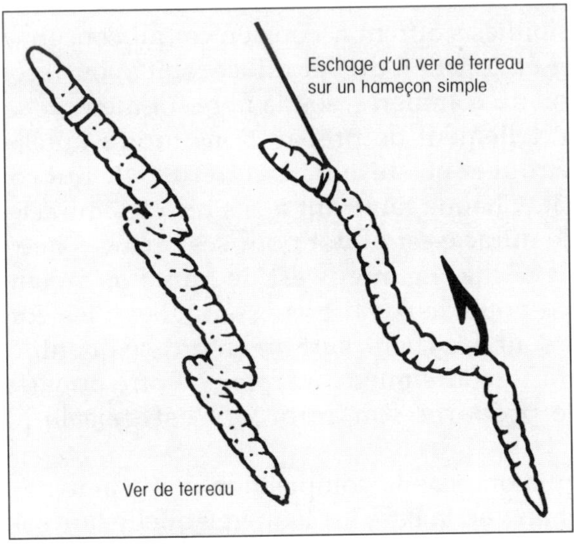


Il vaut mieux remplacer le ver de terreau par le **ver brun des fossés** que l'on ramasse dans les fossés humides où les végétaux se décomposent. Son odeur convient parfaitement aux carpes et il est facile à conserver; il suffit de le garder dans une boite en bois avec de la mousse continuellement humide. Ils s'utilisent dans les mêmes conditions que les vers de terre.

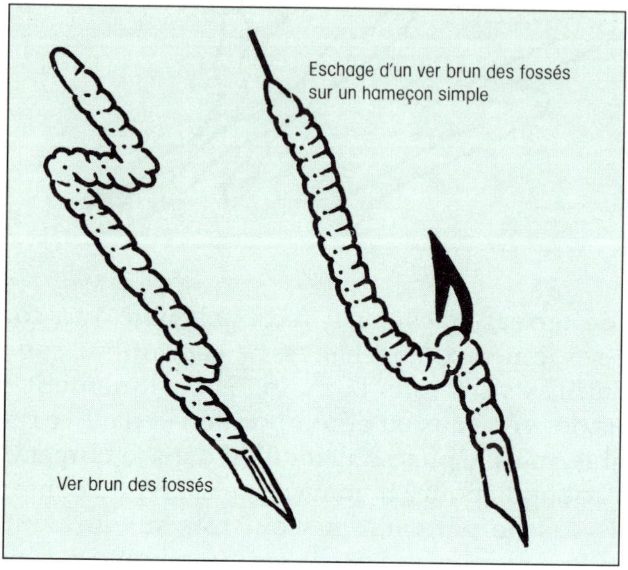


## Les amorces adaptées

Deux possibilités s'offrent à vous en ce qui concerne l'amorce à employer en fonction du ver utilisé; soit avoir recours à une composition du commerce, soit la faire soi-même.

Il existe tellement de préparations toutes faites qu'on ne peut s'y retrouver et, surtout, découvrir celle qui correspond à son appât. Chaque fabricant a ses recettes miracles mais, à vrai dire, le miracle est plutôt pour ses finances que pour vos résultats de pêche! **Le mieux est de faire vos mélanges vous même** et ce pour deux raisons essentielles : les composants de base ne sont pas chers, surtout en grosse quantité, et votre amorce sera toujours mieux adaptée à votre appât. Ajoutons à cela que préparer son amorce, c'est déjà le plaisir de pêcher…

En ce qui concerne la composition d'une amorce utilisable en pêchant au ver, la base est la même quelle que soit l'espèce eschée : vous mélangez du sang séché avec de l'argile à volume égal; puis vous ajoutez de l'huile de chènevis, et des vers coupés de la même espèce que celui utilisé sur votre hameçon.

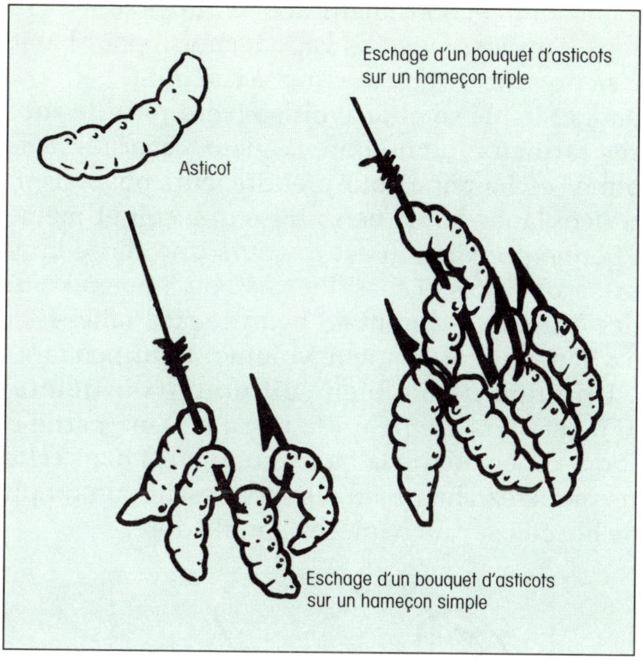


## Les incontournables asticots

Ce sont sûrement les appâts les plus connus des néophytes et, aussi, les plus faciles à se procurer. Mais leur emploi n'échappe pas à certaines restrictions ; **les asticots sont efficaces en début et fin de saison**, sans toutefois être aussi attractifs que les lombrics. On les esche en bouquet sur un hameçon simple ou triple dont la couleur doit se confondre avec celle des asticots ; c'est pourquoi vous devez opter pour des hameçons dorés. L'asticot peut aussi être panaché, c'est à dire qu'on l'esche sur un hameçon avec un autre appât, le plus souvent un farineux ; ce mélange a surtout un avantage quand on pêche avec un appât peu odorant : l'odeur caractéristique de l'asticot renforce l'attrait de l'ensemble.

L'amorce correspondante est composée d'argile et de sang séché, en mêmes volumes, auxquels on ajoute de l'huile d'aspic et des asticots.

## Les appâts farineux

Vous emploierez les appâts farineux dès que la température de l'eau atteint ou dépasse les 18° C ; en fait ce sont les appâts de la saison chaude. En théorie, ils se valent tous ; en pratique, et allez savoir pourquoi, certains donnent de meilleurs résultats certains jours et sont inefficaces d'autres jours. C'est surtout à vous d'insister, une fois l'appât choisi, pour habituer les carpes à sa présence, à son odeur et à son goût.

Cependant **le blé semble avoir souvent plus de succès que les autres farineux**; de nombreux vieux carpistes le considèrent comme l'esche-reine pour prendre leurs poissons préférés. Pour les débutants, le blé ne s'utilise que cuit et même archicuit. Sa bonne préparation est toujours une chose importante pour réussir de belles pêches. Prenez 2 ou 3 poignées de blé et mettez-les à tremper durant 48 heures; puis faites-les cuire à feu doux dans quatre fois leur volume d'eau pendant 3 ou 4 heures. Un grain de blé bien cuit doit avoir quintuplé de volume; il est alors gonflé, prêt à éclater. Une partie blanche apparaît qui est en fait de la farine cuite; c'est dans cette partie que vous piquerez l'hameçon. On peut escher un ou plusieurs grains de blé cuit sur un hameçon simple doré.

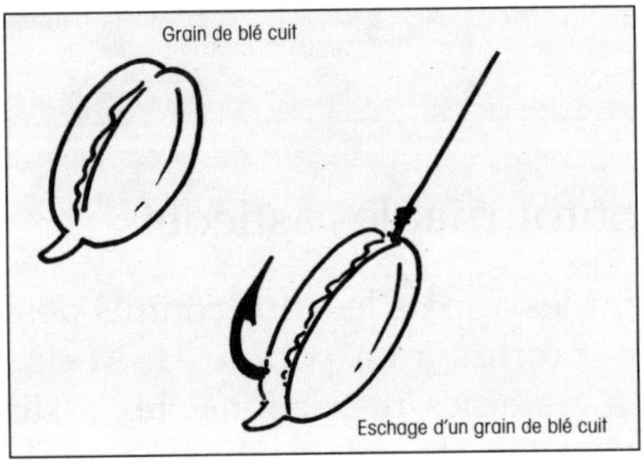


L'amorce adéquate est composée de blé cuit en grains, d'huile de chènevis et de chènevis cuit; une autre variante tout aussi efficace comprend du blé cuit en grains mélangé à de la pomme de terre cuite aussi. Le lest peut être de l'argile ou du sable.

**Une fève peut remplacer le blé**; cette graine doit également être très cuite, jusqu'à l'éclatement. Pour cela suivez la même préparation que pour le blé et eschez la fève sur un hameçon simple doré. L'amorce doit être composée de fèves cuites, d'huile de chènevis, de farine de lin, de farine d'orge, de tourteau de soja ou de tourteau d'œillette.

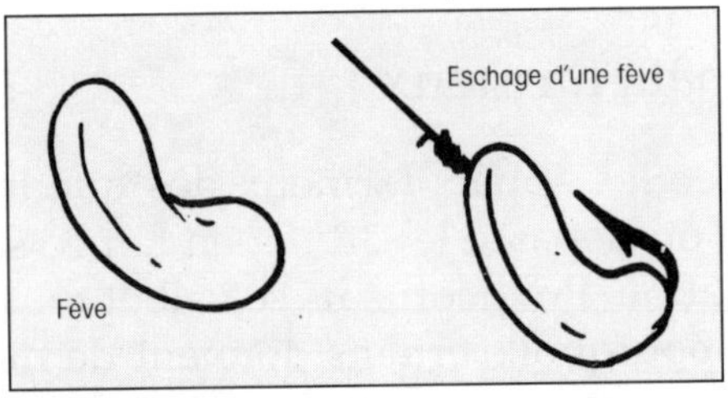

Dans le même style, **le grain de maïs** donne également de bons résultats ; on le trouve cuit, prêt à l'emploi, mais sa préparation est la même que celle du blé et il se met aussi sur un hameçon simple doré. L'amorce doit être faite avec de la farine de maïs comprenant quelques grains cuits, des fèves cuites, du blé cuit et de la terre de taupinière.

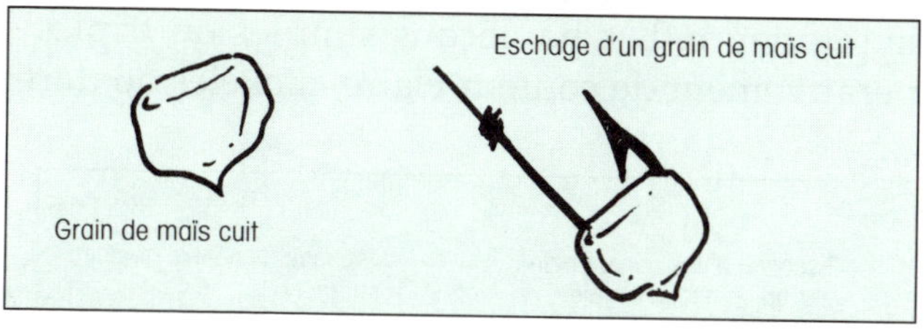


**La pomme de terre** est aussi un farineux efficace à condition de bien réussir sa cuisson ; pas assez cuite, elle est trop dure et la carpe ne s'y intéresse pas, trop cuite elle se désagrège et ne tient pas à l'hameçon. Pour escher correctement de la pomme de terre, il faut la couper en petit cube et l'enfiler sur un hameçon triple qu'elle doit complètement masquer. Une bonne amorce doit comprendre bien sûr des pommes de terre cuites, mais aussi des fèves cuites, du tourteau de soja, de la farine d'arachide et de l'huile de table qui sert à lier le tout.

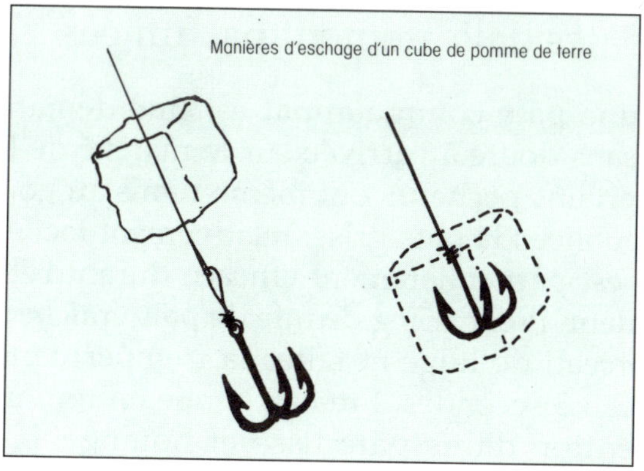


## Le pain meurtrier...

Le pain est souvent mal employé comme appât, pourtant la plus part des cyprinidés dont la carpe en sont friands. En effet on n'emploie pas de la même façon le pain appât et le pain amorce. En appât seule la mie est efficace alors qu'en amorce, il vaut mieux utiliser le pain complet, croûte et mie, qui est plus long à se désagréger et qui donne ainsi une amorce durable.

Le "bouquet" de mie de pain trituré à moitié, en même temps qu'on l'esche, est une pâte peu utilisée, mais très meurtrière de mai à septembre. Pour bien escher, procédez de la façon suivante : prenez un gros dé de mie fraîche et fixez-le sur l'hameçon. Pour le faire tenir plus longtemps, appuyez la mie de pain sur la palette de façon que la mie soit, à sa partie supérieure, une sorte de pâte et qu'elle soit à l'état brut dans sa partie inférieure. Les hameçons simples ou triples doivent être impérativement de couleur claire, nickelés ou dorés.

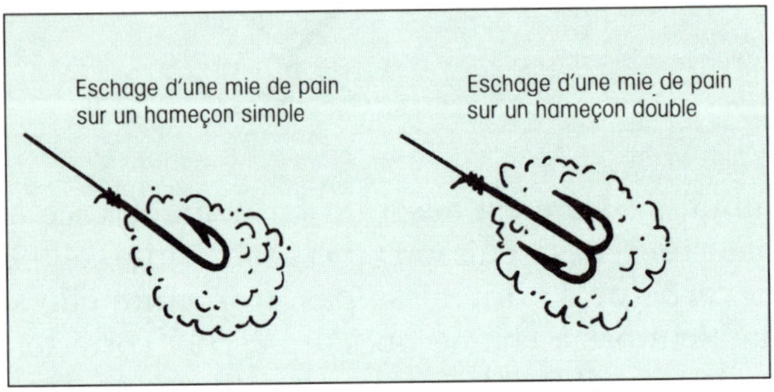


L'amorce de pain contient du pain entier préalablement trempé, de l'huile de table, de la farine d'orge, un peu de pommes de terre cuites et du tourteau de chènevis.

## Des pâtes délicatement parfumées

L'emploi d'une pâte comme appât est une démarche assez récente liée sans doute à l'arrivée sur le marché de la pêche à l'anglaise. Certains pêcheurs ont même remis au goût du jour une recette oubliée : la pâte grise, relativement facile à confectionner. Elle est particulièrement efficace durant l'été, surtout par forte chaleur. Prenez 50 g de mie de pain fraîche ; placez-la dans un morceau de linge et faites la tremper dans de l'eau très chaude 2 à 3 secondes. Pressez la mie en tordant le linge jusqu'à obtention d'une pâte lisse et homogène. Versez-y ensuite une ou deux cuillères à soupe de chènevis moulu très fin, puis une ou deux cuillères à café d'un sirop de sucre, ou mieux de miel. Mélangez le tout pour obtenir une pâte homogène sans grumeau. Il ne vous reste plus qu'à accrocher un morceau de cette pâte grise sur un hameçon simple ou double en la pétrissant légèrement pour bien la faire tenir et masquer totalement l'hameçon.

Il n'est pas nécessaire que l'amorce correspondante contienne de la pâte grise, ce qui vous obligerait à en faire une quantité trop importante ; un mélange de chènevis cuit, de blé cuit, de biscottes pulvérisées, d'argile et de sucre pilé, donne d'excellents résultats.

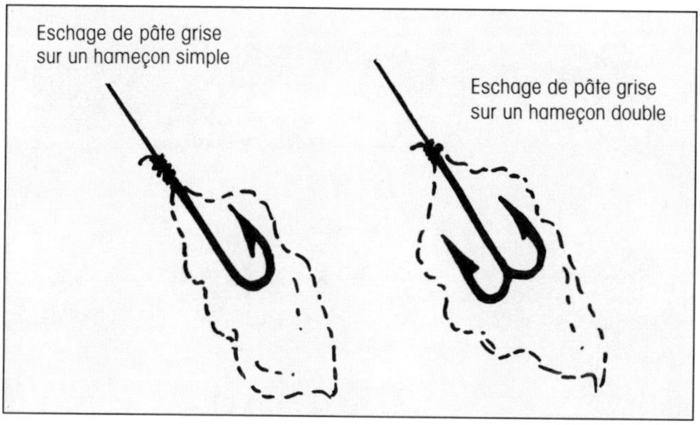


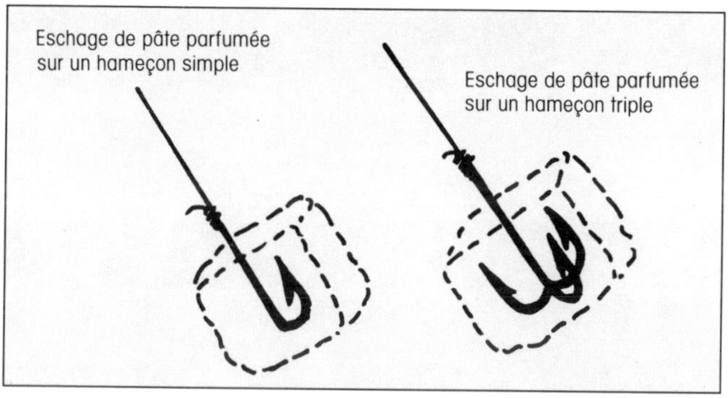


Les anglais nous ont fait découvrir des pâtes issues des bouillettes, appâts que nous verrons en détail dans le chapitre pêche à l'anglaise. Ces pâtes sont parfumées d'arômes, tels le miel, les fruits rouges, la banane et la vanille, qui peuvent surprendre, mais qui sont tous d'une efficacité remarquable. Ces appâts se présentent sous forme de plaquettes suffisamment compactes pour qu'on puisse y tailler des cubes à enfiler sur un hameçon simple ou triple de la couleur correspondante à celle de la pâte choisie, lorsque cela est possible.

L'amorçage préalable est presque superflu avec des appâts aussi odorants, mais quelques cubes lancés sur les différents postes possibles en début de partie de pêche, ne peuvent qu'accélérer la venue des carpes.

# Petites carpes et carpeaux : la carpe au coup

La carpe au coup est une technique de moins en moins pratiquée d'une part parce qu'elle ne concerne que les coups à carpes proches du bord ou situés à une distance égale ou voisine de la longueur de la canne, d'autre part parce que, lors d'un démarrage, il est très difficile de brider et de maintenir le poisson sur une distance aussi courte que celle d'une longueur de ligne. Disons-le, cette technique ne convient guère que pour prendre des petites carpes ou carpeaux. Elle n'en n'est pas moins une excellente école pour les enfants qui veulent pêcher leurs premières petites carpes et il n'y a rien de honteux pour un adulte à démarrer de la même façon.

## Une canne robuste, au carbone

La canne est un modèle classique pour la pêche au coup ; sa longueur doit être au minimum de 6 mètres pour un maximum de 9 m. Comme **la canne doit avant tout être robuste**, il vaut mieux choisir le carbone comme matériau pour limiter le poids qui, pour une telle longueur, est relativement important.

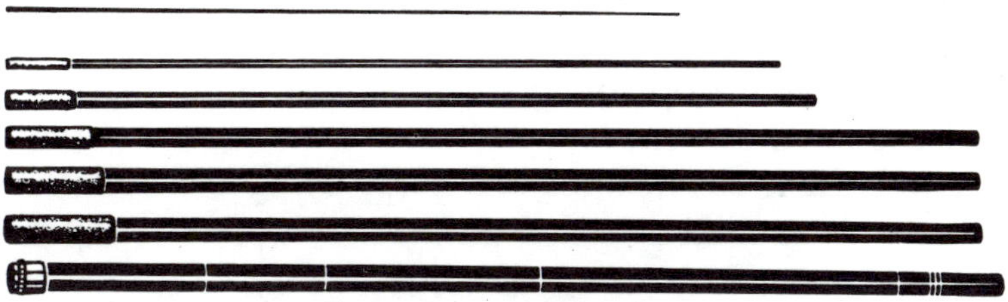

Canne au coup à emmanchement

Canne au coup télescopique

Le carbone a pour avantage complémentaire de bien plier sans rompre et la canne travaille alors comme un amortisseur efficace pour contenir la force tranquille du poisson. Si l'action est souple, il faut à l'inverse choisir un scion rigide pour bien transmettre un ferrage immédiat est appuyé; il ne faut jamais oublier que faire rentrer un hameçon, même bien affûté, dans les lèvres épaisses d'une carpe nécessite un ferrage puissant. On n'a pas toujours la chance que la carpe avale facilement l'appât et se fasse ainsi, piquer dans la chair tendre du fond de gorge.

## Élasticité maximale de rigueur

Pour la pêche au coup, vous devez opter pour le meilleur fil du marché qui soit à la fois le plus résistant possible pour un diamètre donné et le plus élastique possible pour amortir les tensions importantes de la lutte. Le fil très élastique, c'est vrai, n'est pas idéal pour transmettre immédiatement un ferrage et vous devrez compenser au ferrage par un geste plus ample. Le fil doit aussi être très souple afin de ne pas offrir de résistance quand la carpe pousse l'appât du bout de la lèvre ou qu'elle le mâchouille avant de se décider à l'engamer. Enfin sa couleur doit être la plus… incolore possible; utilisez le bon vieux fil cristal, surtout en eau claire.

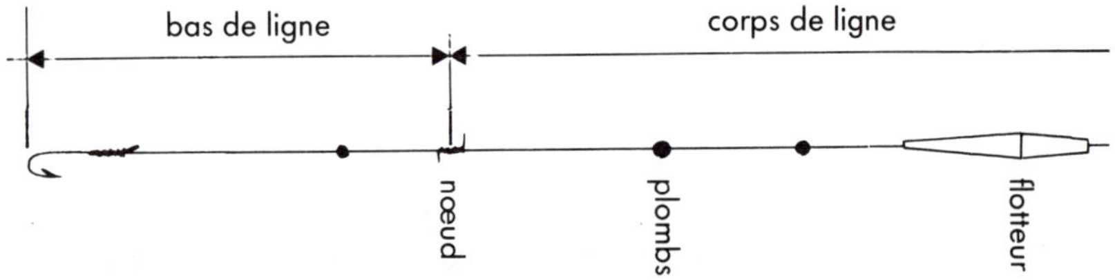


Le diamètre du corps de ligne peut être en 26 ou 28/100 alors que celui du bas de ligne ne doit pas dépasser le 24/100 et il est même parfois nécessaire de descendre au 20/100 si les carpes se révèlent trop soupçonneuses, ce dont on s'aperçoit quand elles manifestent leur présence sans mordre. Comme un nœud entre le bas de ligne et le corps de ligne est un point

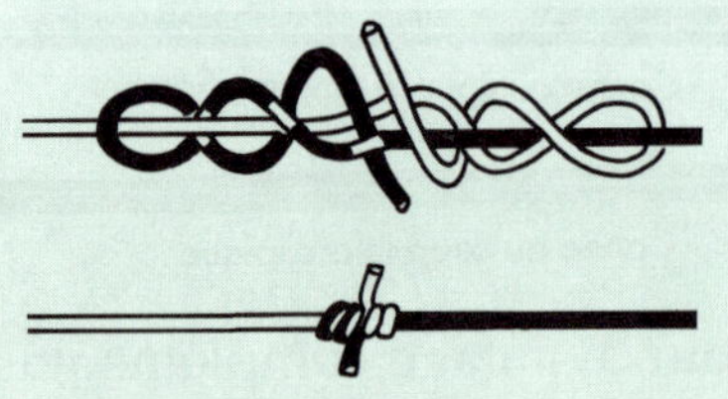
nœud entre corps et bas de ligne

faible qui fait souvent perdre 30 % de la résistance des fils concernés, il est préférable de monter sa ligne avec un seul fil, les risques de casse étant beaucoup plus limités. Et n'oubliez pas de conserver vos bobines de fil à l'abri de la lumière et de la chaleur qui vieillissent rapidement les nylons ou autres matières synthétiques.

## Un flotteur adapté

Le flotteur ne se choisit pas pour son esthétique ou pour ses couleurs ; il doit correspondre à une situation de pêche donnée. C'est ainsi qu'un même flotteur ne se comporte pas de la même façon dans une eau immobile que dans une eau vive. La capacité d'un flotteur à se maintenir à la surface de l'eau s'appelle la "portance". Une portance faible, bien adaptée à la pêche en étang, ne suffit pas dans une eau courante où le flotteur a toutes chances de couler. **Il faut donc choisir un flotteur en fonction du type d'eau dans lequel on pêche**. En eau close, étang ou lac, le bon flotteur pour être sensible et capable de répercuter la moindre traction doit être très fusiforme; la pêche en eau courante requiert, par contre, un flotteur dont la forme sera d'autant plus trapue et ronde que l'eau est rapide.

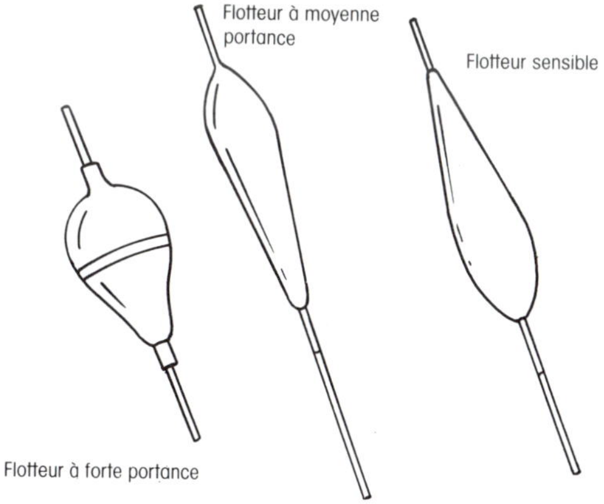


Il faut, en eau courante, tenir compte d'un élément supplémentaire : comme le bout de la ligne, hameçon et appât compris, est couché sur le fond, le flotteur est soumis à une résistance supplémentaire; pour y faire face, il faut choisir une portance légèrement supérieure à celle d'un flotteur qui soutiendrait la même ligne au fil du courant. Malgré toutes les théories et toutes les inscriptions écrites sur les flotteurs, rien ne vaut l'expérience pour faire le bon choix. Tous les modèles à employer pour pêcher au coup sont des modèles dits "fixes", c'est à dire où le fil est fixe. Enfin, choisissez de préférence des flotteurs bien visibles, même à contre-jour ; le flotteur est votre seul témoin oculaire de ce qui se passe derrière " le miroir".

## Des hameçons "invisibles"

Présenter l'appât de la façon la plus naturelle possible est une condition *sine qua non* de réussite et elle implique que l'hameçon soit absolument invisible. C'est parfois difficile à obtenir avec certains esches et vous devez utiliser toutes les ressources qu'offre le marché à travers des multitudes de modèles. Un hameçon se choisit en fonction de l'appât qu'on y veut escher ; il doit donc s'adapter au volume, à la forme et à la couleur de l'esche.

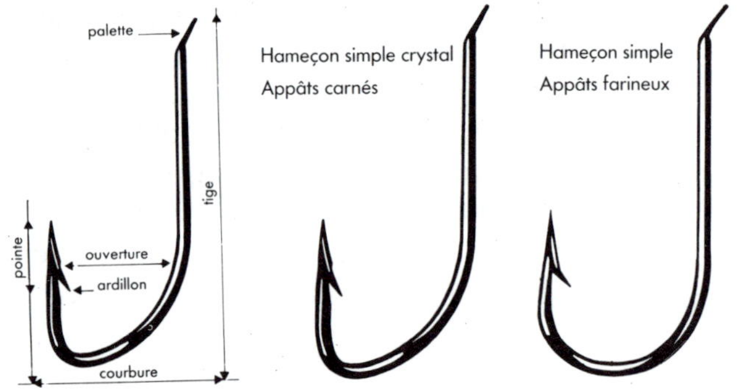


Pour pêcher la carpe au coup on n'utilise que des hameçons simples et le nombre d'esches se limite aux vers, aux asticots, au blé, à la fève, au maïs, au pain et aux pâtes. Pour simplifier, choisissez des hameçons forgés bronzés pour les vers, à hampe longue en numéros 1 à 3 pour les lombrics, à hampe moyenne en numéros 6 ou 8 pour les autres espèces.

En ce qui concerne les esches farineuses, utilisez des hameçons à hampe courte en numéros 8 ou 10 de couleur dorée ou nickelée. A cette technique il est toujours préférable de cacher l'hameçon en eschant plusieurs grains de blé ou de maïs en même temps. Si vous utiliser une pâte toute prête rouge ou rose, aromatisée aux fruits rouges, optez d'office pour un hameçon de couleur rouge.

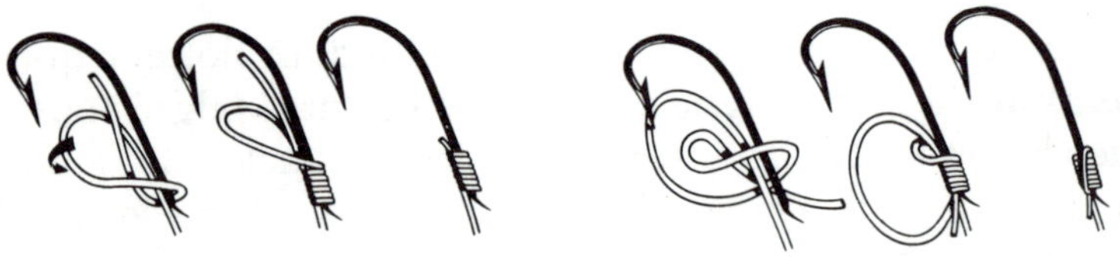

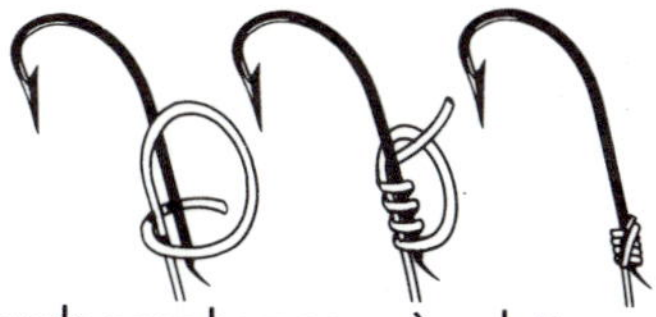

nœuds pour hameçon à palette

## Où monter les plombées ?

Cela ne sert à rien de masquer l'hameçon si la plombée elle-même n'est pas invisible.

**L'idéal est d'abord que le poids de la plombée équilibre bien votre flotteur**; c'est facile en eau close quel que soit le type de plombée adoptée, massive ou avec olivette coulissante. Il suffit que le poids du lest soit égal ou légèrement inférieur à la portance du flotteur; cette indication est presque toujours marquée sur le flotteur. En eau courante, par contre, le poids du lest doit être nettement inférieur à la portance du flotteur puisqu'il car il faut aussi prendre en compte la traction exercée par le courant.

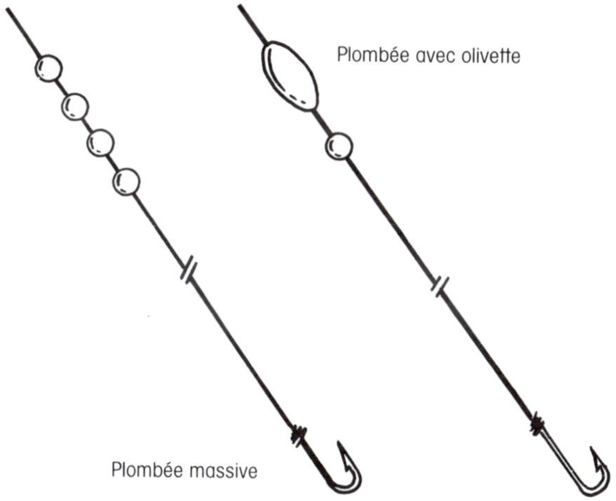


Pour monter ses lignes et surtout trouver la bonne plombée, il vous suffit de le faire sur le terrain dans les mêmes conditions de courant que celles que vous allez rencontrer sur vos coups amorcés.

Une fois cela compris, positionnez vos lests, ou plombées en bout de corps de ligne, **de manière à ce que les plombs soient à plat sur le fond en action de pêche**; les confondre avec les substrats du lit est la meilleure façon de les rendre invisibles.

Mais il faut prévoir des bas de ligne assez longs pour être que le plomb le plus bas reste au moins à 30 ou 40 cm de l'appât. Des plombs en suspension dans l'eau ou trop près de l'esche seraient vite détectés par les carpes qui, dans le doute, sagement s'abstiendraient.

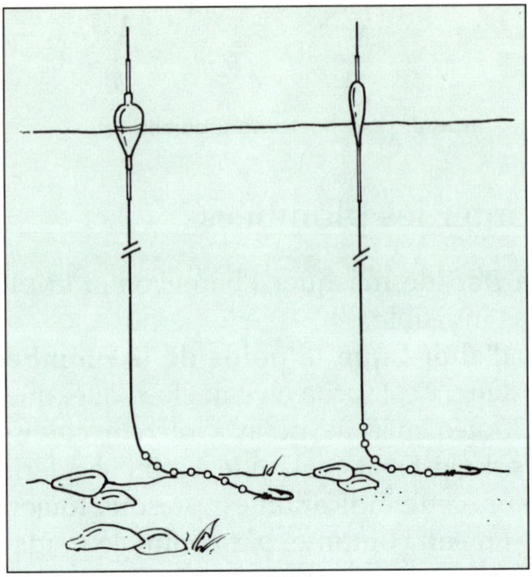

## Le sondage est essentiel…

Vous avez amorcé un coup que vous allez pêcher ; avant de vous mettre en action, il reste à pratiquer une opération essentielle dont dépend en grande partie votre réussite : **connaître la profondeur exacte de l'endroit amorcé**. Cette opération est à refaire à chaque nouvelle partie de pêche, même sur un même coup, car le niveau de l'eau peut varier à tout moment.

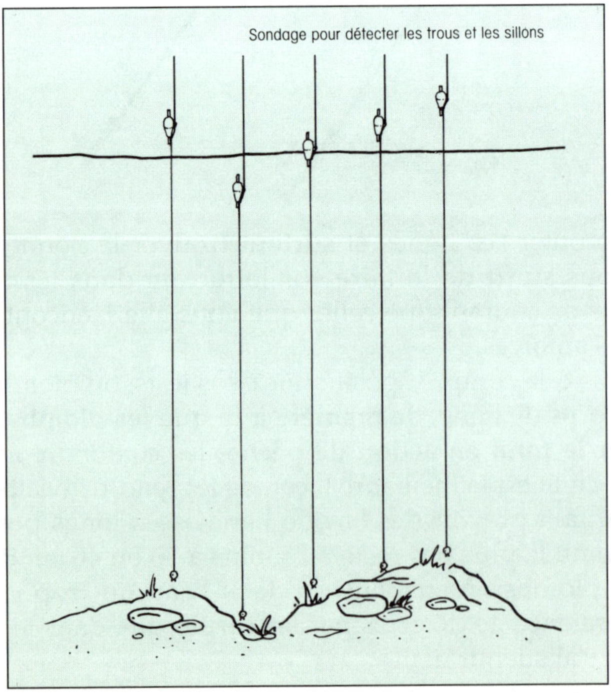

Cette opération est vitale car, comme vous devez pêcher avec votre bas de ligne bien à plat sur le fond, elle vous permet de positionner votre flotteur avec précision. La manœuvre est simple ; vous accrochez à votre hameçon nu une sonde, plus ou moins lourde selon le courant ; vous la descendez sur le fond en maintenant votre ligne tendue et vous voyez la position de votre flotteur par rapport à la surface de l'eau. Vous recommencez jusqu'au moment où en sondant, votre flotteur se trouve juste au niveau de la surface. A ce moment-là, vous le remonter d'une distance légèrement plus grande à celle qui va du haut de votre plombée à votre hameçon. Quand vous allez pêcher, plombée et appât seront bien à plat sur le fond. Ne vous contentez pas de sonder un endroit trop précis ; **il faut étendre ce sondage à une zone circulaire d'un mètre de diamètre** autour de votre amorçage en eau close, et le faire sur une bande large de 1 m et longue de 3 à 4 m en eau courante, bande qui correspond à votre coulée d'amorce. Même si cela vous semble fastidieux, c'est indispensable.

## En action de pêche

Vous lancez d'abord votre ligne appâtée à l'eau à deux endroits différents selon que vous pêchez en eau close ou en eau courante.

En eau close, il faut lancer votre ligne devant vous, au-delà du centre de la zone amorcée ; dès que la plombée a touché le fond, ramenez doucement la ligne vers vous afin de bien étendre votre bas de ligne sur le fond en éloignant ainsi la plombée de l'hameçon.

En eau courante, lancez votre ligne en amont de votre zone amorcée en la retenant lorsqu'elle descend ; ainsi le courant va déployer le bas de ligne bien à l'horizontal. Il vous suffit ensuite d'accompagner la descente de la plombée jusque sur le fond. Cette opération est d'une grande importance car elle permet de bien positionner à plat tout le bas de ligne et de cacher la plombée sur le substrat, éloignée au maximum de l'appât. C'est la garantie que la carpe, ne voyant rien d'insolite, goûtera votre appât en toute confiance.

## Garder son sang-froid...

La touche d'une carpe est très discrète ce qui est logique étant donné le comportement prudent et craintif de cette espèce.

Le flotteur, témoin visuel de ce qui se passe sous la surface, s'enfonce d'abord d'une façon imperceptible ; le pêcheur doit toujours rester concentré sur l'antenne afin qu'aucun frémissement du flotteur ne lui échappe. Ce très léger enfoncement est le signe que vous devez vous tenir prêt à réagir dès que la deuxième phase de la touche se manifeste ; à ce moment-là le flotteur se déplace très lentement ou se couche, puis démarre avec un mouvement d'accélération. Ferrez ! Ferrez vite car la carpe vient d'engamer. Un ferrage trop tardif laisse le temps à la carpe de ressentir le piège et de recracher l'appât.

**Vous devez tenter de "noyer votre prise" le plus vite possible** ; noyer une prise veut dire qu'on doit faire remonter le poisson en surface et essayer de le mettre sur le côté. En cas de réussite de la manœuvre, la carpe perd beaucoup de sa puissance car elle est déséquilibrée et ne peut nager librement. Cette façon de faire sert aussi à ménager votre fil et le ressort de votre canne, précaution fondamentale pour cette technique où la distance dont vous disposez est limitée à la longueur de votre ligne.

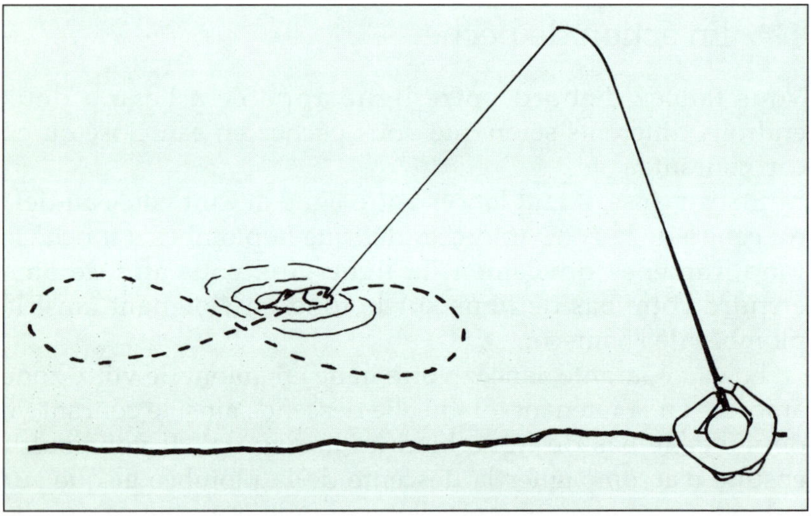

## Savoir utiliser son épuisette

L'épuisette, indispensable avec cette espèce sera d'un modèle à manche long, 2 mètres environ.

Utiliser son épuisette est tellement facile à priori que beaucoup de pêcheurs, les débutants en particulier, font des fausses manœuvres qui se terminent souvent par la perte du poisson.

En fait, il faut d'une main brider la carpe, de l'autre poser l'épuisette devant soi, dans l'eau, assez profondément compte tenu que la carpe est un poisson au corps haut et qu'elle risque de se présenter près du fond. Ensuite on doit faire venir la carpe au-dessus du filet et non pousser celui-ci vers le poisson ; dès que la carpe est au-dessus de l'épuisette, il faut la relever immédiatement, mais à coup sûr, le "raté" provoquant souvent la casse du fil. Une épuisette, ayant un filet large et profond, emprisonne le poisson durant sa récupération ; c'est pourquoi **une épuisette à carpe n'est jamais trop grande**.

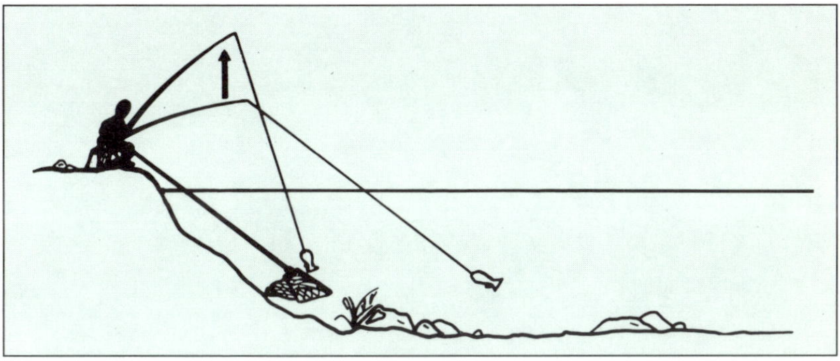

Enfin mettez rapidement l'épuisette sur la berge, le plus loin possible de l'eau, et prenez ensuite le temps de la décrocher sans la faire souffrir.

Dès votre première prise de carpe, vous découvrirez le côté sportif de la chose : tenir une canne de plus de 6 mètres dans une main et dans l'autre une épuisette de 2 mètres renfermant une carpe de plusieurs kilos, demande des bras bien musclés.

## Maintenir les autres carpes sur place

La prise d'une carpe avec tout le remue-ménage que cela provoque, perturbe toujours ses consœurs qui ont une nette tendance à déserter les lieux. Il faut donc tenter de les maintenir sur votre coup pour en prendre d'autres, d'autant que les carpes ont l'habitude d'effectuer un parcours bien précis… Pour cela il vous suffit d'effectuer régulièrement un amorçage dit "de rappel".

La composition de cette amorce doit être la même que celle que vous avez utilisée pour préparer votre coup. Cependant la grosseur des boulettes doit se réduire à celle d'une grosse noix et, de plus, le nombre ne doit pas dépasser deux ou trois petites boulettes à l'heure ; les carpes les dégusteraient plutôt que votre appât si elles n'ont pas fui à cause du bruit provoqué par l'impact de l'amorce à la surface de l'eau.

# Une pêche de tradition : la pêche à la posée

Cette technique de pêche est la plus utilisée par les carpistes chevronnés pour qui la technique anglaise n'est qu'une mode et un véritable casse-tête; il est vrai que la pêche à la posée a donné de formidables résultats à nos pères et grands-pères. Encore aujourd'hui, les carpistes purs et durs continuent à faire d'énormes poissons car la posée permet d'utiliser un matériel puissant et des accessoires de plus en plus sophistiqués.

Cette technique permet aussi de pêcher la carpe dans tous les types d'eau en respectant, toutefois, des règles spécifiques. La posée a un énorme avantage sur la pêche au coup car on peut travailler tous les postes, du bord jusqu'à plus de trente mètres de distance. En plus, cette technique est particulièrement conseillée pour pêcher dans des eaux courantes très soutenues, à condition d'y mettre le poids…

## Avec une canne puissante

**Solidité et puissance sont les premières qualités d'une canne à la posée** qui devra être capable de lancer avec précision des montages dépassant parfois en eau courante plus de 30 g. La seconde qualité est qu'elle doit être longue, 4,50 à 5,50 mètres ; en général, on utilise souvent des cannes trop courtes et c'est oublier que plus la canne est longue, plus son levier et son ressort sont importants. Le poids de la canne a un intérêt tout relatif car elle est plus souvent posée que tenue à la main; le carbone n'est donc pas nécessaire, mais il apporte quand même beaucoup de souplesse et de sécurité; c'est votre budget qui décidera! On peut aussi opter pour une canne à emmanchement ou télescopique.

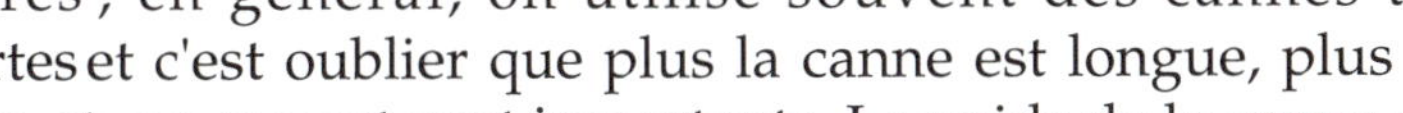

canne télescopique à anneaux

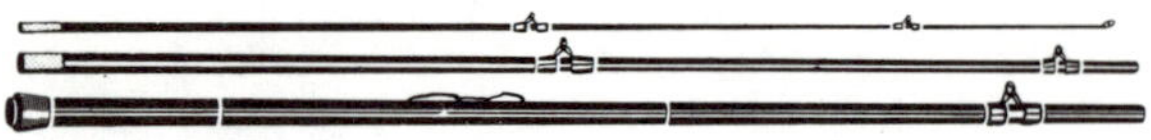

canne à emmanchements

lancer deux brins

A tout cela, il faut ajouter quelques détails indispensables pour pêcher confortablement, en toute sérénité. **Le scion doit être rigide** pour transmettre sans perte de temps le ferrage à un hameçon souvent fort éloigné. Le porte-moulinet doit être à vis avec une vis supplémentaire pour bloquer le moulinet qui est soumis à de très fortes tractions; sans ce système, le moulinet risque de tourner, ou même de se décrocher durant la lutte ce qui provoque un moment de désarroi chez le pêcheur, presque toujours cause d'échec.

Lors de l'achat, il faut s'assurer de **la qualité des anneaux** et ne pas hésiter à investir dans des anneaux en oxyde d'aluminium; en effet, un fil surchauffé ne tarde jamais à casser et ce type d'anneau évite les points d'échauffement lors d'une récupération difficile et longue. Enfin, plus le diamètre des anneaux est grand, plus le dévidage du fil est facile ce qui permet des lancers longs et précis.

Pour ceux qui pêchent en barque, la canne peut être sensiblement plus courte, 2,50 à 3 mètres, mais elle doit tenir compte de tous les critères vus précédemment.

## Le moulinet, une pièce maîtresse

Lorsqu'on pêche des carpes dépassant les dix kilos, leur puissance naturelle met à mal votre matériel, plus particulièrement votre moulinet qui est la partie de l'équipement en contact direct avec les tractions et les secousses exercées à travers votre fil. De ce fait, il est réellement indispensable de disposer d'un moulinet de qualité, et même de haut de gamme. Il devra être d'une telle solidité que l'anse de pick-up soit indéformable; quant au frein, il sera puissant, mais indéréglable, précis et progressif. Ces deux points sont beaucoup plus importants que la capacité de la bobine. Lorsqu'on achète un moulinet pour pêcher la carpe, **il ne faut pas hésiter à le tester chez le vendeur en tirant sur le fil** comme le ferait une carpe, car un tel achat est un investissement financier qui doit durer et faire face à des contraintes exceptionnelles et constantes. Le brochet, par exemple, nécessite aussi un bon matériel, mais, durant la lutte, il a des moments de relâchement où la tension sur le moulinet mollit, alors qu'elle reste constante avec une carpe.

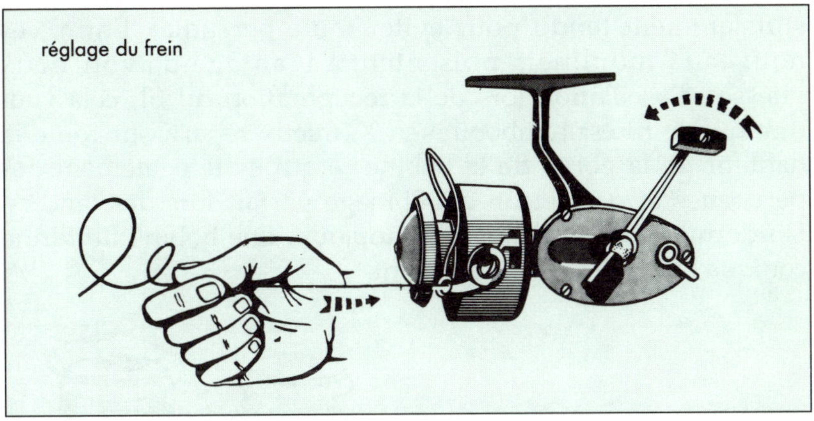


Une capacité de 150 à 200 mètres de fil en 40 ou 45/100 suffit pour pêcher la carpe.

## Des moulinets nouveaux et spécifiques

On trouve aujourd'hui sur le marché une nouvelle génération de moulinets conçus spécialement pour la pêche de la carpe et qui offrent des avantages indéniables. Ils comportent deux ou trois roulements à billes qui confère un confort et une régularité dans la rotation du bol. ils sont aussi dotés d'un frein arrière couplé avec un système de débrayage de la bobine; ce point est surtout avantageux dans l'action de pêche : on peut ainsi attendre la touche, anse de pick-up fermée, la bobine tournant facilement sans résistance à la moindre traction sur le fil.

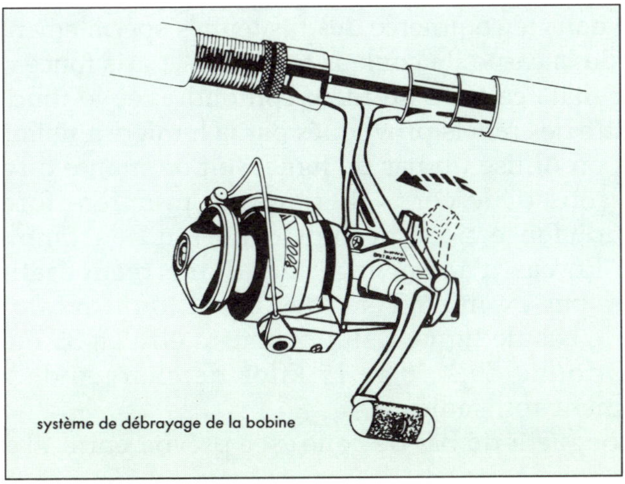

Dès que l'on veut ferrer, il suffit d'enclencher un levier pour bloquer la bobine, ce qui prend beaucoup moins de temps que de saisir son moulinet et de tourner la manivelle pour fermer l'anse de pick-up; ce système conserve aussi le fil suffisamment tendu pour éviter toute perruque. Enfin, ces nouveaux moulinets présentent l'avantage d'avoir deux vitesses d'oscillation lors de la récupération du fil; cela veut dire que le fil est rembobiné en X, mieux réparti sur toute la hauteur de la gorge de la bobine ce qui évite également des perruques et permet un débobinage parfait lors des lancers. Un dernier conseil : choisissez toujours une bobine de forme conique qui facilite la sortie du fil.

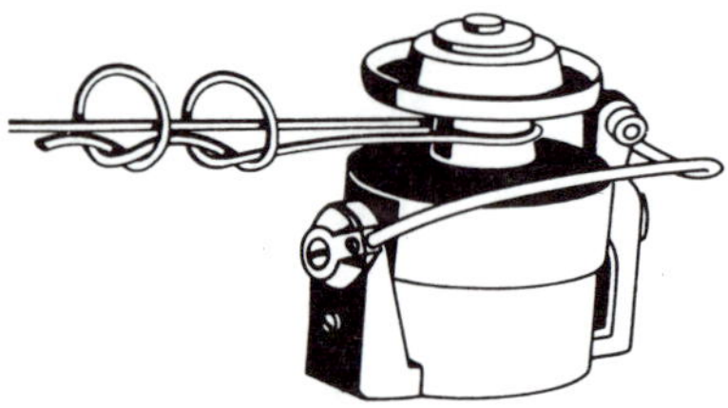

nœud sur bobine

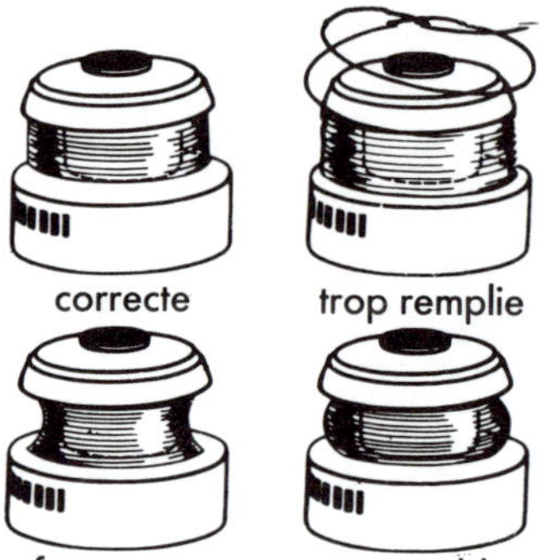


## Le fil à carpe

Le fil conseillé possédera les mêmes caractéristiques que celui servant à la pêche au coup. Cependant, le diamètre du corps de ligne est plus important, 40 ou 45/100; un tel diamètre est indispensable pour lancer des poids compris entre 15 et 30 g, parfois plus en eau courante. Depuis quelques années, on trouve dans le commerce des fils teintés spécialement pour la pêche de la carpe; la couleur tend vers le gris foncé ou même le noir mat; ce type de fil se confond avec le fond et évite d'émettre des reflets provoqués par la lumière ambiante.

Soit on utilise un bas de ligne, soit on monte directement l'hameçon sur le corps de ligne; la première formule est plus judicieuse si on pêche sur un fond encombré d'obstacles. En cas d'accrochage lors d'une récupération pour vérifier, par exemple, l'état de l'appât, on n'aura qu'à remplacer le bas de ligne. Celui-ci pourra être en 35 ou 40/100, ce qui donne déjà 10 et 15 kilos de charges de rupture, amplement suffisantes.

La longueur du bas de ligne est à prévoir entre 40 et 60 cm.

## Hameçons simples ou triples ?

Le choix du type d'hameçon peut se poser, mais ce qui compte avant tout, est de résoudre le problème de la tenue de l'appât sur l'hameçon. Contrairement à la pêche au coup où l'hameçon esché est posé sur la surface, celui-ci est lancé assez loin et son impact sur la surface est souvent violent car renforcé par une plombée conséquente. Il vous faut donc choisir le type d'hameçon qui tient le mieux l'appât dans de telles conditions. Les hameçons simples dont les numéros ont déjà été signalés précédemment en fonction des esches, sont conseillés pour les vers, les grains de blé, les fèves et les grains de maïs ; les triples tiennent mieux la mie de pain, les pâtes et la pomme de terre. La taille des triples à employer est à choisir entre un numéro 8 ou un numéro 10. Toutefois l'emploi d'un triple lorsqu'on pêche au bouquet d'asticots, permet d'en regrouper beaucoup plus que sur un simple.

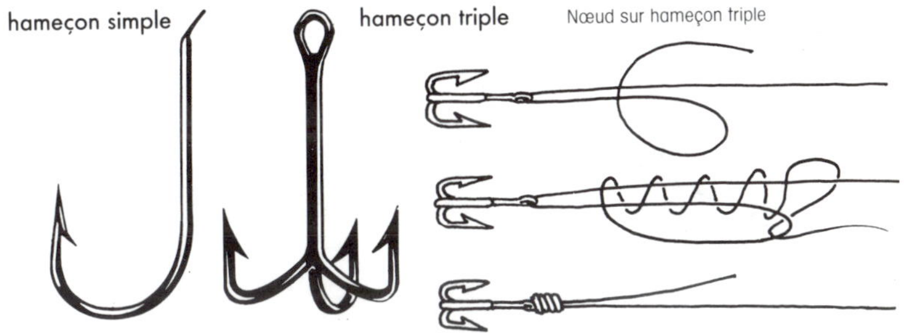


## Une plombée à adapter

Pour pratiquer la carpe à la posée, le principe de la plombée est simple : maintenir le fil sur le fond tout en le laissant circuler sans la moindre résistance. On utilise pour cela des plombs percés ; mais vous devez bien vous assurer que le trou pratiqué soit suffisamment large pour laisser coulisser librement un fil en 40 ou 45/100. Bien souvent, vous devrez l'agrandir à l'aide d'une petite lime ronde et n'hésitez surtout pas à l'élargir fortement car de nombreuses carpes ratées sont le résultat de ce problème mal résolu.

En eau close ou en présence d'un courant relativement faible, **utilisez une olive percée de 10 ou 15 g**. Par contre l'olive percée roule sous la force du courant quand on pêche sur un fond de galets ou rocheux; dans ce cas, choisissez un plomb percé hexagonal qui tient bien à plat et s'agrippe sur le fond grâce à ses pointes en relief. Ce même plomb tient bien aussi sur des fonds mous. Son poids se choisit en fonction de la force du courant, mais en principe il varie entre 20 et 30 g, à moins de pêcher dans un courant très soutenu où il vous faudra envisager 40 g.

Un cas un peu particulier peut se présenter : devoir pêcher sur un fond rocailleux, très déchiqueté et garni de nombreuses aspérités ou, au contraire, d'anfractuosités. Cela arrive quand on pêche des rivières comme la Loire, plus particulièrement dans les portions où le lit passe sur un seuil raviné par les courants. Avec une plombée telle que celle décrite ci-dessus, vous avez de fortes chances qu'elle se coince et devienne irrécupérable.

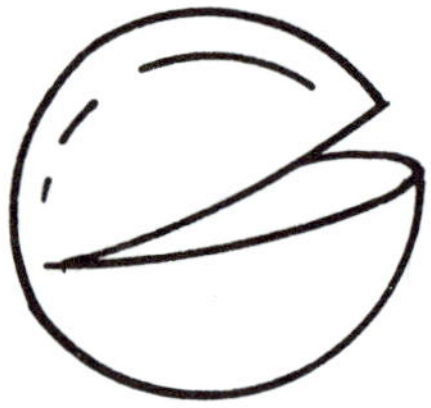

Chevrotine fendue

Pour résoudre le problème, il faut monter une plombée dite "à plomb perdu". Près de l'extrémité du raccord entre le corps de ligne et le bas de ligne qui est fait le plus souvent avec un émerillon baril ou à agrafe, on monte sur le corps de ligne un fil en dérive, ou potence, d'un diamètre léger 26 ou 28/100, sur lequel on fixe deux ou trois chevrotines fendues. En cas d'accrochage, on récupère ainsi la totalité de sa ligne, le fil en potence ayant cassé le premier.

## Une surveillance constante

Un détail important à rappeler avant toute action de pêche à la posée : combien de cannes utiliser en même temps? Le nombre dépend en fait de votre capacité de surveillance; mais **il faut mieux se consacrer pleinement à une ou deux cannes** plutôt qu'à trois, car le début de la touche d'une carpe est tellement discret que vous risquez d'être surpris par un départ sans pouvoir maîtriser la situation. De plus en pêchant avec plusieurs cannes, vous devez surveiller un bout de berge important, les cannes étant suffisamment éloignées pour que les lignes ne s'emmêlent pas lors d'un démarrage où on n'a jamais le temps de relever les cannes non concernées.

En pêchant à la posée, la touche n'est pas révélée par un flotteur ; le seul moyen de la percevoir est donc de surveiller constamment le fil. Dans un premier temps, il avance très lentement et souvent sur une très courte distance, parfois quelques centimètres seulement ; pour détecter ce signal vous pouvez utiliser une astuce connue de tous les vieux carpistes : accrochez un repaire très léger sur votre fil. Il peut être fait d'un bout de laine rouge noué ou d'un bout de papier tire-bouchonné ; il sera fixé juste à la sortie de l'anneau de pointe du scion ; mais, attention ! Placé entre deux anneaux, il risque de retenir le fil en se bloquant dans un anneau.

Un autre cas peut se présenter : le début de la touche peut se signaler par un relâchement de la tension de votre fil.

Laissez la canne sur son support et ne vous en saisissez que lorsque le fil va se dérouler de plus en plus vite ; à ce moment-là, soyez rapides à ferrer d'un geste ample, car l'appât et son hameçon sont loin. Ensuite bridez la carpe sans faiblesse et sans moment de relâchement en contrôlant sa trajectoire afin qu'elle ne gagne pas un obstacle ; mais en même temps laissez lui prendre un peu de fil dès qu'elle est en zone libre. La lutte peut durer, surtout avec une belle prise, et ne soyez jamais impatients de la ramener en force ; il faut la fatiguer avec un frein bien réglé qui rend du fil juste avant le point de rupture. Ce "petit jeu" met les nerfs à vif et le cœur bat la chamade jusqu'au moment où on ressent une faiblesse dans la défense de la carpe ; récupérez alors du fil, mais avec prudence car elle peut simuler un abandon et redémarrer subitement. Une carpe bien travaillée finit toujours par se rendre ; et il ne vous reste plus qu'à l'amener à l'épuisette sans fausse manœuvre.

## Un détail qui aide...

En attendant la touche, la canne est posée sur un ou deux supports ; peu importe le système d'appui utilisé, le tout est qu'il permette un dévidage libre du fil. Par contre, le plus important est la position de la canne sur le support : **le scion doit se trouver plus bas que le talon** pour que le fil présente le moins d'angle possible en passant par l'anneau de tête du scion ; il peut ainsi glisser sans trop de frottement. Beaucoup trop de pêcheurs ont leurs scions tournés vers le ciel, offrant ainsi une résistance à la touche. Dans la mesure du possible, positionnez votre canne de façon à ce que le fil sorte du dernier anneau en limitant l'angle ; même si cette position peut sembler curieuse, c'est la meilleure.

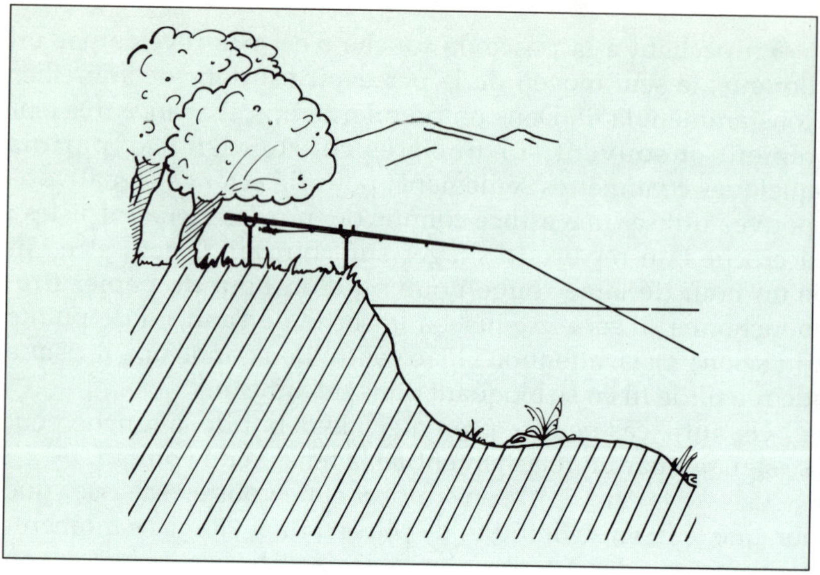

## Un lancer contrôlé

Un autre détail important quand on pratique cette technique de pêche, est de **bien étendre son bas de ligne sur le fond**.

Lancer sa ligne à 20 ou 30 mètres ne pose pas de difficultés particulières car la plombée est assez lourde pour atteindre de telles distances; il faut par contre rechercher la précision pour atteindre les postes préamorcés. Le meilleur type de lancer est celui qu'on effectue par dessus l'épaule à deux mains si la berge est suffisamment dégagée derrière le pêcheur; dans le cas contraire, on peut lancer soit en pendule, mais à distance plus courte, ou sur le côté.

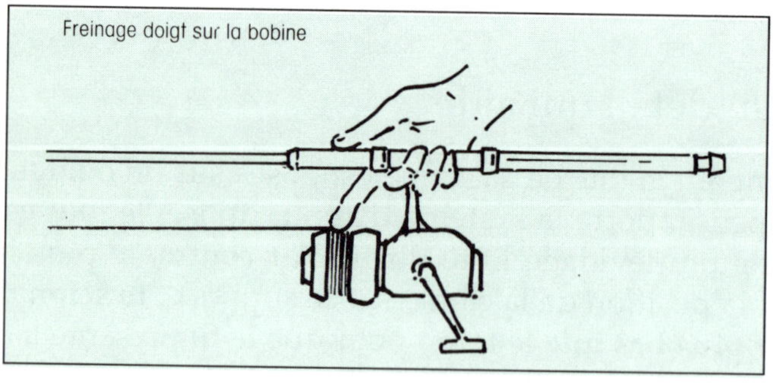


Lors du lancer proprement dit et lorsque votre ligne commence à redescendre vers la surface de l'eau, freinez le dévidage du fil en mettant le doigt sur la bobine : votre ligne se dépliera en faisant passer l'appât devant la plombée. Ensuite, dès que la ligne a touché le fond, récupérez un peu de fil en faisant deux ou trois tours de manivelle pour assurer l'indispensable éloignement de la plombée par apport à l'appât.

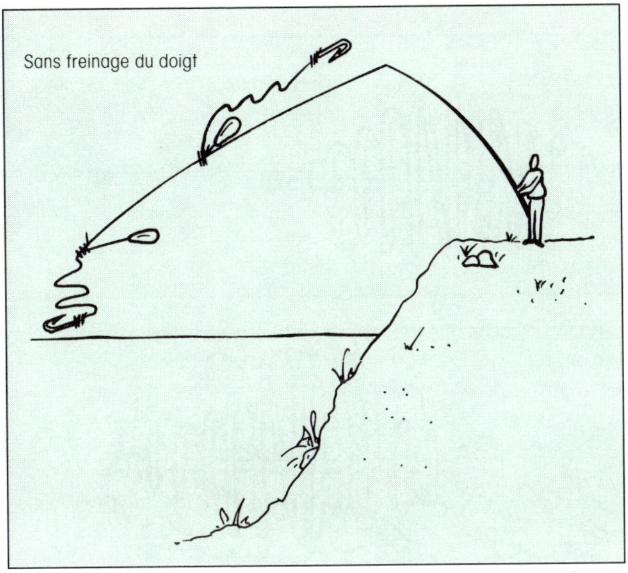


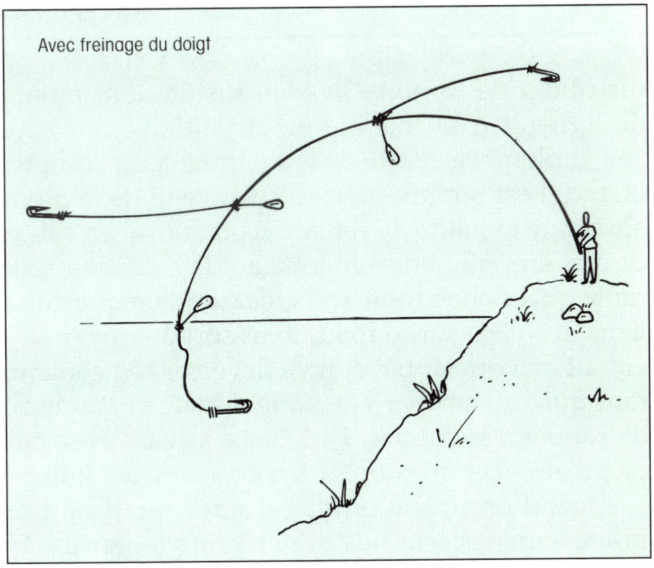


## Et le flotteur ?

Le flotteur est réservé aux gens compliqués car il ne sert à rien, si ce n'est à rendre plus difficile la touche puisqu'il constitue dans toutes les eaux un point supplémentaire de résistance. De plus, en eau courante, il ne peut servir qu'à faire déplacer la ligne.

Il existe, par contre, un accessoire ingénieux qui est tombé dans l'oubli et c'est bien dommage car nos anciens ont pu mesurer la preuve de son efficacité : **le ressort amorçoir**, appelé ainsi du fait qu'il ressemble à un ressort et qu'il sert à

Ressort amorçoir vide

Ressort amorçoir en train de se vider

distribuer de l'amorce avec précision. Il se monte sur le corps de ligne et il se fixe bloqué avec deux chevrotines, quelque soit la plombée adoptée. Il faut aussi tenir compte de son poids quand il est rempli, pour calculer celui de la plombée ; il arrive aussi que le poids de cet amorçoir suffise en eau close ou lente, ce qui simplifie votre montage. Mais c'est surtout en eau courante qu'il donne toute son efficacité ; lorsque vous mettez votre ligne en place sur le fond, le ressort-amorçoir va se trouver en amont de votre appât et il va déverser son contenu dans le courant qui va l'amener sur votre appât ; c'est une sorte d'amorce de rappel très précise. De plus si vous n'avez pas eu le temps de préamorcer un coup, ce système devient indispensable.

Quand on utilise ce type d'amorçoir, il faut respecter scrupuleusement certaines règles pour le garnir. **L'amorce doit comporter les ingrédients correspondants à l'appât**, comme nous l'avons vu dans le chapitre "amorces"; mais il importe de contrôler le débit de l'amorce pour que son action soit durable. Pour cela on lie tous les composants à l'aide de terre argileuse fortement pétrie dans le ressort ; on peut aussi faire la même chose avec du pain ou de la pomme de terre écrasée à condition que ces produits entre dans une composition mariée à l'appât. Celui-ci doit aussi toujours se retrouver dans l'amorce ;

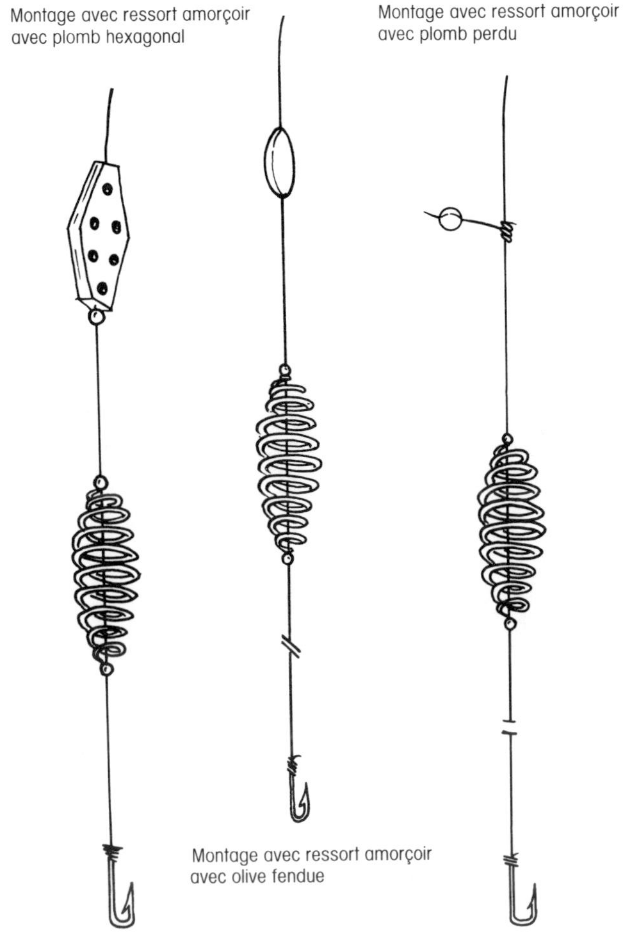


par exemple, si on pêche au blé, on mettra des grains de blés dans l'amorçoir, au ver, des tronçons de vers, au bouquet d'asticots, des asticots en vrac, etc…

Le seul inconvénient de ce système est qu'il offre une résistance certaine en cas de touche; il est souvent compensé par la quantité de nourriture qui rend la carpe moins méfiante.

# Une philosophie tout autant qu'une technique : la carpe à l'anglaise

Depuis quelques années les pêcheurs français ont découvert une technique anglo-saxonne qui allie à l'efficacité le fair-play et la technicité, sans oublier la finesse du fil et des montages. C'est aussi toute une autre philosophie de pêche. Disons, pour la caractériser à grands traits que la pêche à l'anglaise se pratique à partir des rives, qu'elle nécessite d'habituer les carpes à une odeur particulière, propre à chaque pêcheur ; qu'elle utilise un matériel léger, léger par rapport à celui de la posée par exemple et qu'elle demande une gamme étendue d'accessoires très spécifiques qui aident indiscutablement à faire mordre le poisson qui se fait piquer de façon très surprenante.

Tout carpiste se doit aujourd'hui de connaître et de savoir pratiquer cette technique anglaise, génératrice de grandes émotions.

## Un investissement d'importance…

Si vous disposez d'un équipement classique pour pêcher à la posée, vous pouvez le remiser, car aucun élément de ce matériel ne peut servir pour pêcher à l'anglaise, pas même votre fil. Vous le remplacerez par un matériel très technique, et donc relativement onéreux.

Une canne ne vous suffira, pas plus que deux, mais, mais **vous disposerez trois cannes en batterie** ce qui oblige à acheter aussi une structure-support pouvant tenir trois cannes en même temps sur un même poste de pêche. L'investissement va vous paraître lourd à l'achat, mais très rapidement, vous allez savourer le plaisir d'utiliser un matériel léger et sensible…

## Des cannes très particulières

Il vous faut donc acquérir trois cannes, conçues exclusivement pour la pêche à l'anglaise.

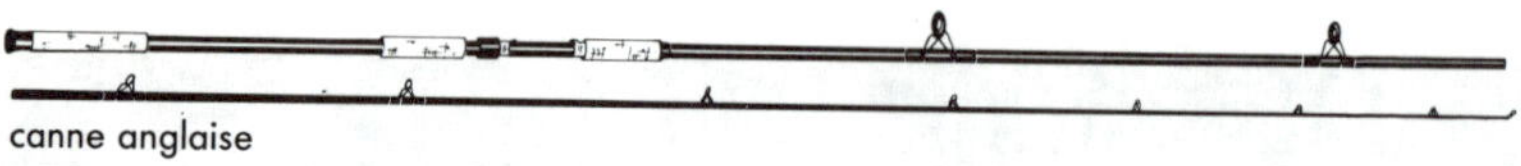
canne anglaise

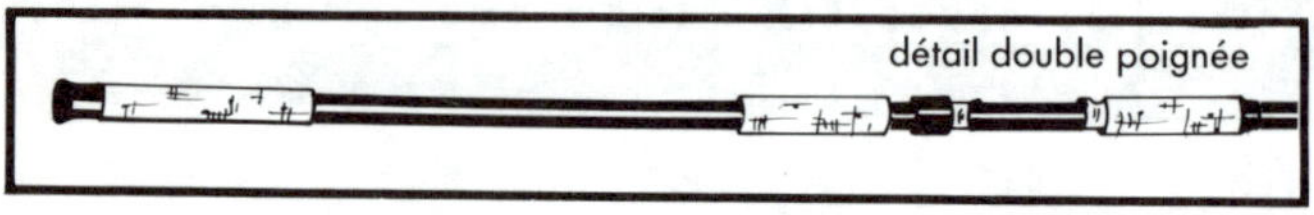


Une canne anglaise à carpe à une longueur qui varie de 11 à 14 pieds, origine oblige, ce qui en système métrique veut dire de 3,30 à 4,20 mètres environ. **Les longueurs les plus utilisées sont les 11 et 12 pieds**, mais le choix de la longueur dépend des lieux de pêche habituels ; si le bord de la rivière ou de la pièce d'eau est occupé par une végétation aquatique dense, on a toujours intérêt à utiliser une canne plus longue pour dépasser la zone envahie par les herbes. C'est toujours une canne en deux brins avec un porte-moulinet à vis permettant un blocage parfait du moulinet. Ce type de canne possède un long talon et une poignée double pour pouvoir effectuer des lancers précis à deux mains.

La puissance varie selon le poids des carpes que l'on veut pêcher et elle est marquée en mesure anglaise sur le blank de la canne, juste au-dessus de la poignée. Cette puissance varie de 1 lb à 3 lbs, en passant par toutes les mesures intermédiaires, soit par quart de lb. Une lb, livre anglaise, équivaut à 0,4536 kilo ; pour des petites carpes, on utilise les puissances 1 lb, 1 1/4 lb et 1 2/4 lb. Pour les carpes moyennes, de 3 à 7 kilos, vous opterez pour des puissances allant de 1 3/4 lb à 2 1/4 lbs ; pour les carpes encore plus grosses, les puissances adéquates s'échelonnent de 2 2/4 lbs à 3 lbs.

L'action d'une canne anglaise à carpe est toujours parabolique pour permettre un lancer progressif et un posé léger du lest et de l'appât. Cela permet, lors d'une lutte, de faire travailler la canne en amortisseur sur toute sa longueur, ce qui explique l'emploi de lignes fines.

## Des anneaux fins et surélevés

Un point important de la canne anglaise réside dans le modèle d'anneaux montés sur les deux brins. Ces anneaux sont nombreux, 8 ou 10 au minimum ; ils sont légers pour ne pas casser le nerf de la canne lors des lancers par une surcharge de poids sur les brins. Ils ont un petit diamètre et sont rapprochés les uns des autres afin d'éviter que le fil fasse des "ventres", toujours causes de frottement et donc d'un dévidage freiné du fil ; de

trajectoire du fil sur canne anglaise

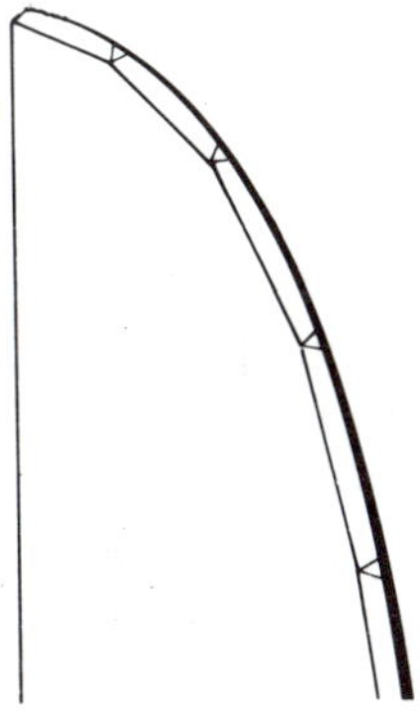

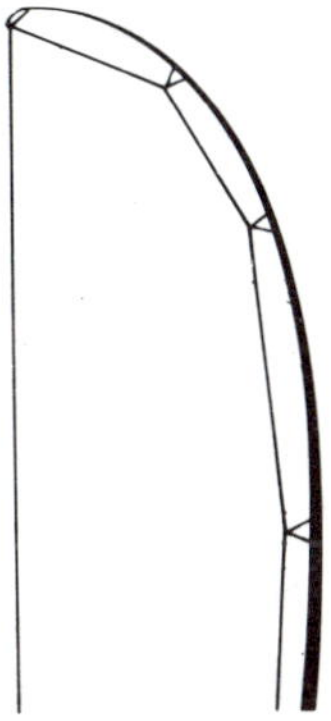

trajectoire du fil sur canne classique à anneaux

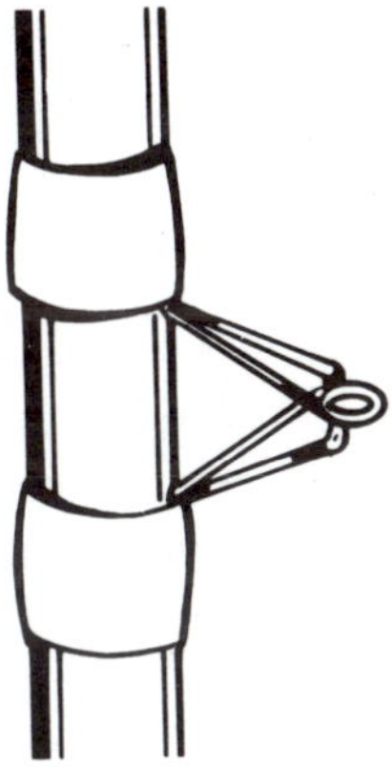

modèle d'anneau surélevé

plus lorsque la canne se plie, le fil ne fait pas d'angles trop marqués dans les anneaux.

Dernier point particulier, les anneaux sont surélevés par rapport au blank de la canne ce qui évite que le fil mouillé colle aux brins durant le lancer ou dans la position d'attente.

## Des moulinets "à l'anglaise"...

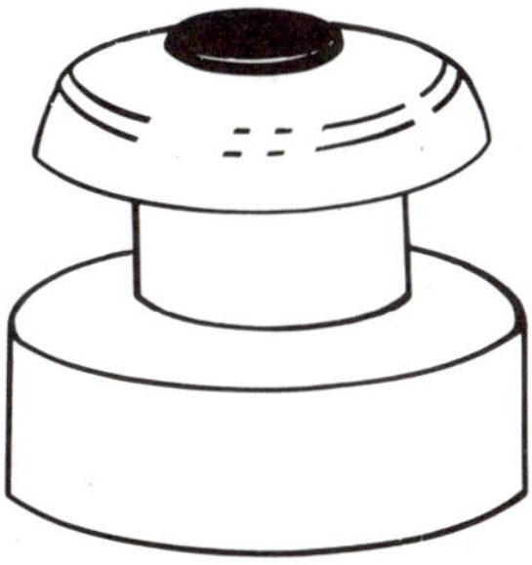

bobine classique

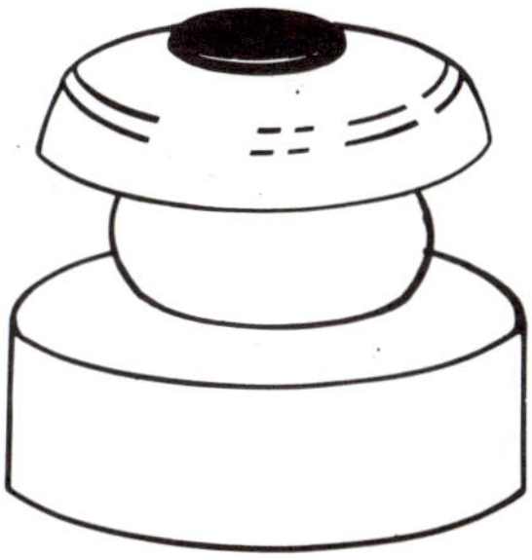

bobine "anglaise"

Lorsque vous pêchez à l'anglaise, **vous devez utiliser des moulinets à l'anglaise**, ce qui est logique, mais pas souvent bien compris. Ce sont des modèles relativement lourds pouvant contenir de 150 à 200 mètres de fil en 30 ou 35/100. Dans ce type particulier de moulinet, c'est surtout la bobine

qui est différente : la gorge est moins profonde et le bord de la lèvre est arrondi pour faciliter le débobinage lors des lancers, et durant la phase d'attente de la touche.

Je vous conseille également d'opter pour des **modèles à double vitesse de récupération**, système qui améliore le bobinage et donc aussi le débobinage. Si vos moyens financiers vous le permettent, n'hésitez pas à prendre des moulinets avec débrayage de la bobine ; ce mécanisme offre le très grand avantage, surtout pour cette technique de pêche, de garder le fil tendu durant l'attente et de pouvoir se dévider sans que la prise s'aperçoive de la moindre résistance à la touche. Cela évite de maintenir ouvert le pick-up de l'anse du moulinet et d'avoir un fil qui se débobine d'une manière anarchique au risque d'une perruque.

## Un fil fin, mais lourd

Vous pouvez évidemment utiliser le même type de fil que celui utilisé à la pêche à la posée. Mais pour mettre toute les chances de votre côté, cette technique offre la possibilité de pêcher plus fin, aussi solide et plus discret. Expliquons-nous :

- **plus fin** : la pêche de la carpe à l'anglaise a fait découvrir une nouvelle génération de fils conçus et mieux adaptés pour prendre des carpes. Les anglais utilise un fil fin étalonné en livres anglaises ; ainsi un 10 lbs qui a une charge de rupture équivalant presqu'à 5 kilos, est plus fin que le fil classique pour la même charge de rupture. On peut donc employer des fils dont les résistances vont de 10 à 18 lbs ;

- **plus discret** : le fil anglais pour pêcher la carpe est de couleur noire et il est mat ; ce n'est pas un hasard. Lorsque le fil est allongé sur le fond, la couleur noire le rend à peu près invisible car il se confond avec les couleurs sombres des éléments composant le fond, cailloux, graviers, mousses ou vase. Ajoutez à cela que plus on pêche profond, moins il y a de lumière. Le noir est aussi la couleur des fils composant les bas de lignes spéciaux, comme nous le verrons plus loin. Enfin, un fil mat n'accroche pas la lumière et n'émet donc pas des reflets.

La dernière particularité du fil anglais est qu'**il est lesté**. Il faut savoir que l'usage du plomb est interdit pour pêcher en Grande-Bretagne ; pour pallier cette difficulté, les fabricants anglais enduisent directement le fil d'un produit contenant des particules d'un plastique de même densité que le plomb. Vous imaginez aisément le résultat : non seulement le fil coule plus vite et la mise en place de la ligne est immédiate mais en plus il "colle" au fond ce qui renforce sa discrétion.

## Des bas de ligne prêts à l'emploi

Les pêcheurs britanniques, plus pragmatiques que nous, ont inventé quantité d'accessoires spécifiques qui affinent la technique, la rendent plus prenante, en font un art. Pour éviter toute perte de temps pendant la partie de pêche, les accessoires se trouvent prêts à l'emploi ; ainsi, les bas de ligne s'achètent tout montés ou à compléter, ce qui peut se faire en hiver de façon à pouvoir se consacrer à la pêche quand vient la saison. La gamme de bas de ligne est étendue et certains correspondent mieux que d'autres à la manière de pêcher de chaque pratiquant.

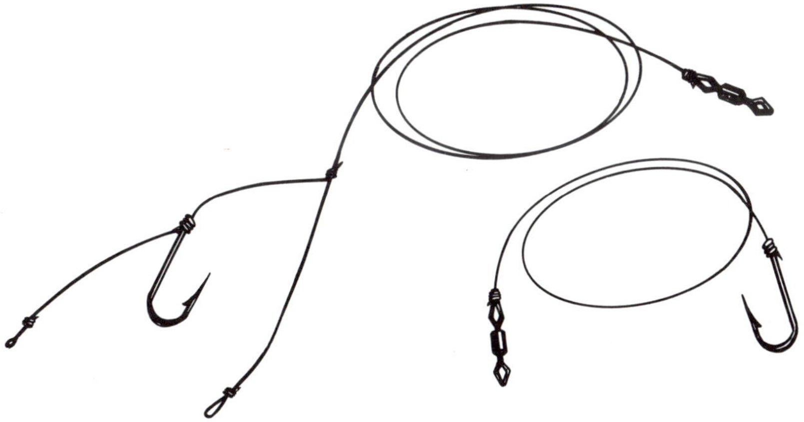

Un bas de ligne est composé d'abord d'un émerillon sans agrafe dont les qualités essentielles sont la légèreté et le fait de pouvoir tourner sur lui-même à chaque extrémité. Le fil du bas de ligne est constitué par une cordelette

mince, très souple et très résistante; l'hameçon ou les hameçons, selon les montages, sont de petite taille, numéros 8 à 14. On esche les appâts directement dessus ou, si on pêche aux bouillettes, on enfile celles-ci sur un fil très fin relié à l'hameçon qui reste vide; cela s'appelle pêcher "au cheveu" car le diamètre courant est de l'ordre d'un 6 ou 8/100. Ce type d'eschage peut surprendre, mais il est très efficace. En effet, la carpe repère les bouillettes, les teste, puis les engame et c'est à ce moment-là qu'en aspirant l'appât, elle se plante l'hameçon dans la lèvre ou dans la gueule.

Certains montages de bas de ligne permettent aussi de positionner des bouillettes comme amorce à proximité des bouillettes appât; on utilise alors un fil biodégradable qui fond en 30 secondes environ, sur lequel on enfile des bouillettes et que l'on monte en dérive juste avant la palette de l'hameçon.

Bas de ligne avec un support bouillettes

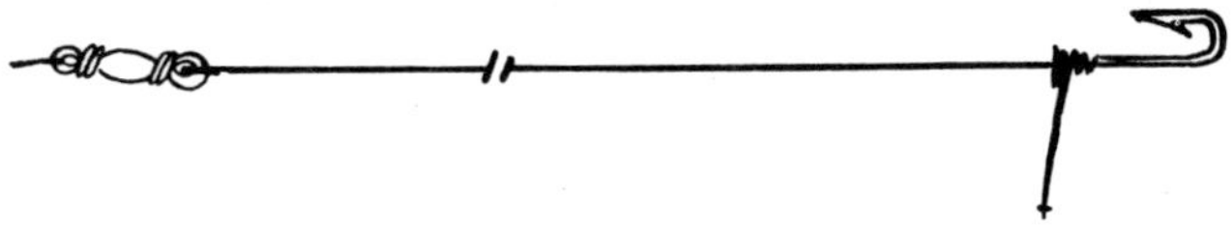

Bas de ligne avec bouillette sur un support bouillettes

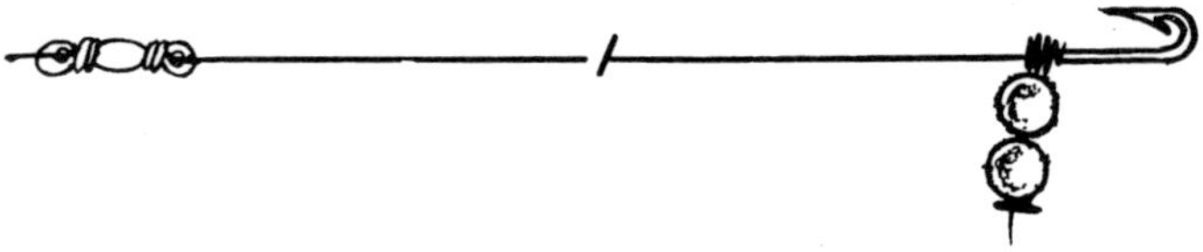

Bas de ligne avec deux supports bouillettes

Bas de ligne avec bouillettes sur support bouillettes

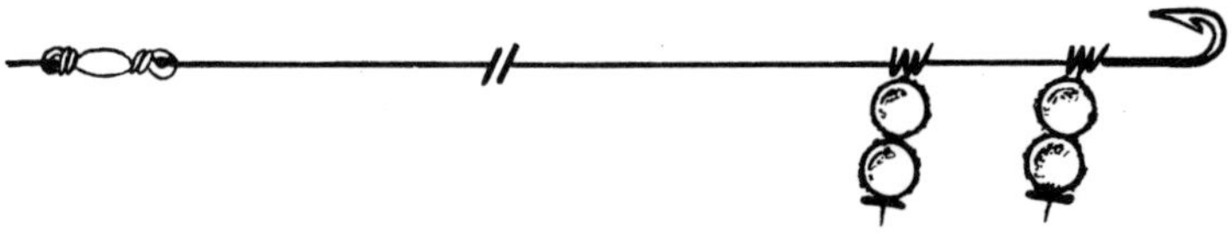

Enfin, dernier point original, tous les éléments qui compo sent le bas de ligne, sont noirs et mats, émerillon, cordelette e hameçon compris. Les anglais ont une fois pour toutes chois leur camouflage.

## Plombées au choix

Deux possibilités s'offrent à vous pour lester votre bas de ligne : utiliser un plomb ou un amorçoir. Simple en théorie, le choix l'est moins en pratique, surtout pour les débutants.

Vous tiendrez compte, en premier lieu, de **la force du courant**; votre bas de ligne et son appât ne doivent pas bouger de place, il faut donc lester suffisamment pour que le tout reste immobile, même en courant soutenu, tout en veillant à ce que le lest ne soit pas trop lourd et n'entrave pas la traction de la carpe sur l'appât : une résistance suspecte l'inquiéterait. Tout est une question de dosage, au gramme près, et c'est souvent l'expérience qui fait la différence.

Il est cependant possible de détecter une ligne sous-plombée dans une eau courante; dès que la ligne a atteint le fond, après avoir tendu votre fil, il suffit en effet, si vous pêchez carrément aval, de voir si le fil se débobine lentement et, si vous pêchez par le travers du courant, d'observer le point d'intersection de la ligne et de la surface de l'eau. Pour ce faire, repérez cet endroit précis par rapport à un témoin fixe, arbre sur le bord, touffe d'herbe ou autre chose; si le point semble se déplacer vers l'aval, augmentez votre plombée.

Le deuxième critère concerne le choix de ce qui sert de plombée; à la pêche de la carpe à l'anglaise, ça peut être **un plomb ou un amorçoir**. On utilise le premier sur un coup préalablement bien amorcé, ce qui est courant dans les habitudes des pêcheurs français; le second accessoire qui est disponible en plusieurs poids, est plutôt à utiliser quand on n'a pas ou peu amorcer et c'est alors l'amorçoir qui répare cet oubli, peut-être causé par un manque de temps. Rassurez-vous les anglais n'amorcent pas à l'avance, mais les résultats prouvent que c'est un accessoire vraiment efficace.

## Avec un plomb

Il y a un plomb spécifique pour pêcher à cette technique : le plomb Arlesey. Il est en forme de poire ou de goutte d'eau avec un insert dans sa partie supérieure, la plus fine. Cet insert est une petite boucle qui tourne sur elle-même et qui permet d'accrocher le plomb sur un élé-

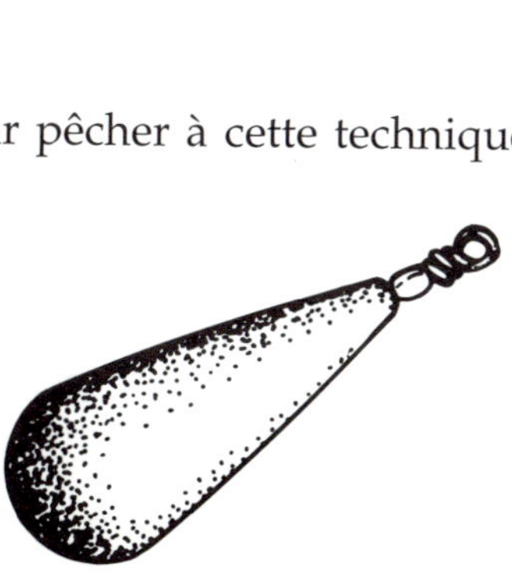

ment ajouté au bas de ligne. La gamme des poids d'une série de plombs Arlesey va de 3 à 30 g.

## Avec un amorçoir

Le type d'amorçoir utilisé est un peu particulier et son nom est swim-feeder; c'est un tube aplati en plastique transparent percé de trous sur son pourtour pour laisser passer les éléments composant l'amorce; il peut être fermé ou non à l'une des extrémités et il comporte une petite cordelette ou un insert pour pouvoir être accroché au même élément ajouté au

Différents modèles de swim-feeder

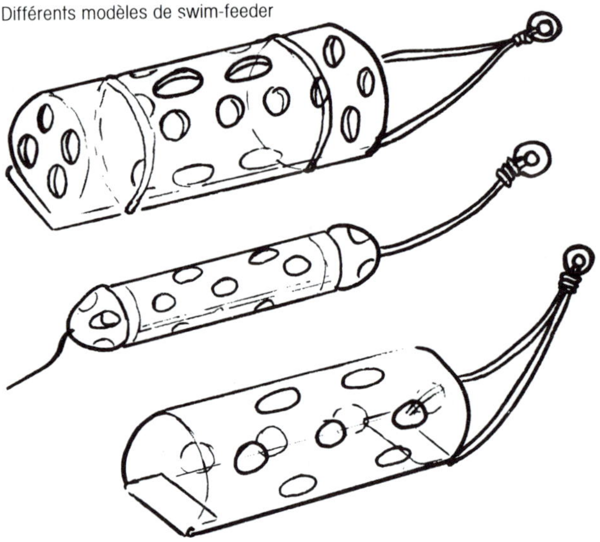

Swim-feeder plein d'amorces et d'asticots

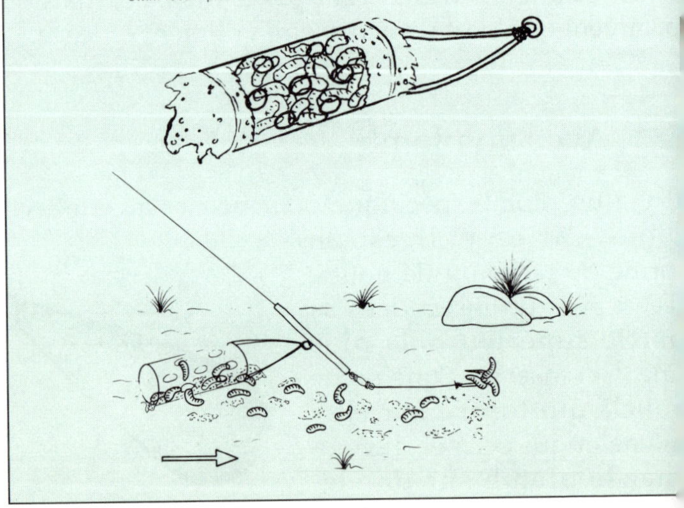

bas de ligne que celui utilisé avec un plomb. Les modèles de swim-feeders sont nombreux; certains ont une base plus ou moins plombée. La gamme des poids est telle qu'on trouve toujours le swim-feeder adéquate à tout courant.

## Le mystérieux élément ajouté

Les pêcheurs anglais n'ont pas fini de vous étonner; ils ont inventé un "raidisseur" ou "anti-emmêleur" dont le but est d'éviter tout perruque durant le lancer. Cet accessoire permet de mieux positionner sur le fond les différentes parties du bas de ligne en les tenant éloignées les unes des autres, d'où son nom de "raidisseur". Ainsi l'appât n'est jamais mélangé avec le plomb ni pris dans l'attache du swim-feeder.

Cet accessoire se présente sous la forme d'un tube creux où passe le fil; il est évidemment noir et mat, et il est fabriqué en plastique rigide ou semi-rigide. Il se vend soit sous la forme

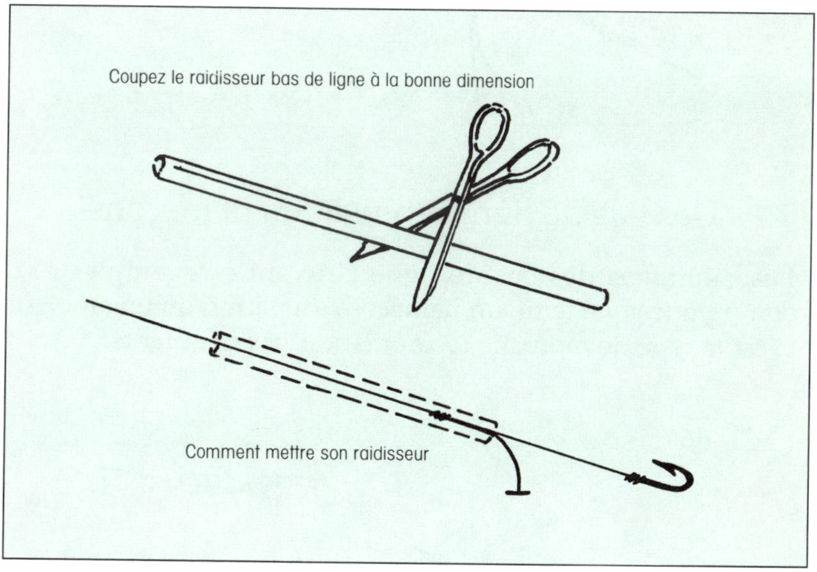


d'un long morceau que l'on coupe à la dimension voulue avec une paire de ciseaux, soit prêt à l'usage avec une agrafe intégrée pour accrocher un swim-feeder ou un plomb Arlesey. **Le mieux est de pouvoir disposer des deux formules**; la première permet de rigidifier le fil tenant un hameçon pour éviter qu'il s'emmêle avec une potence en dérive où l'on met des bouillettes amorce; la seconde est la base indispensable pour un montage avec lest.

Le blocage d'un raidisseur se fait à l'aide de petites cendrées pincées sur le fil aux deux bouts, ou avec une seule cendrée lorsque l'autre bout est bloqué contre un émerillon.

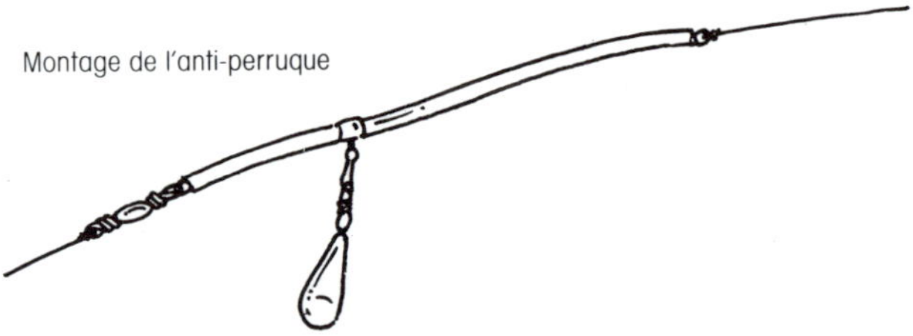

Montage de l'anti-perruque

## Des bas de ligne à plusieurs hameçons

Les montages des bas de ligne peuvent être simples et ne comprendre que le fil, un hameçon, un plomb ou un amorçoir. C'est le type de montage recommandé aux débutants.

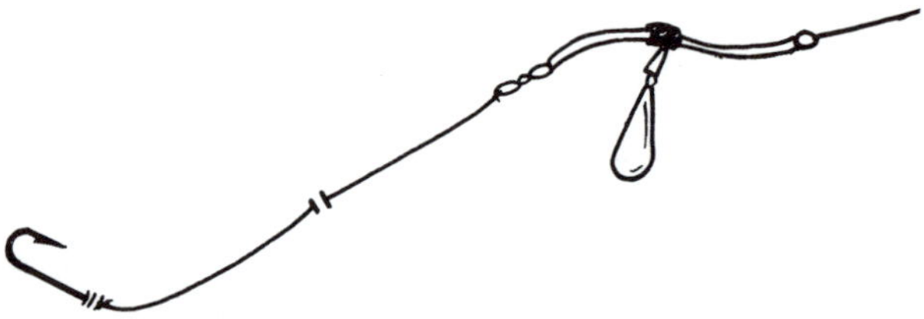

Ensuite, avec un peu d'expérience, il vous sera possible de monter des bas de ligne à plusieurs têtes, c'est à dire avec deux et même trois hameçons ; **ces montages sont essentiellement destinés à la pêche en eau calme**, sans courant, et leur utilisation optimale est destinée à la pêche au cheveu.

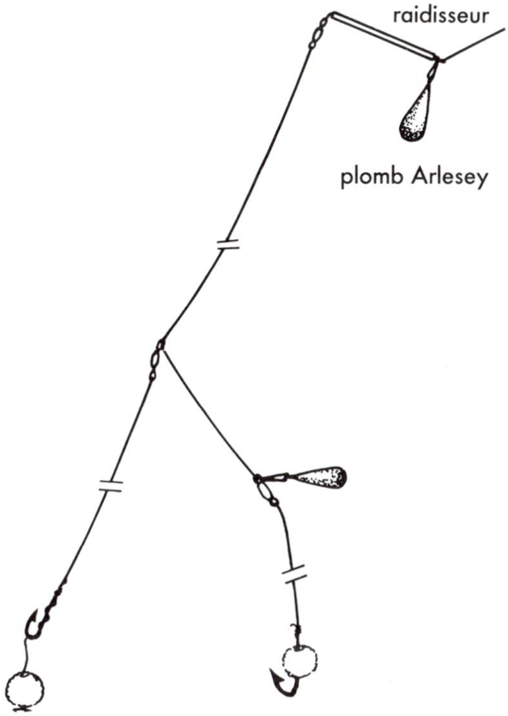


## Emballé, c'est meilleur…

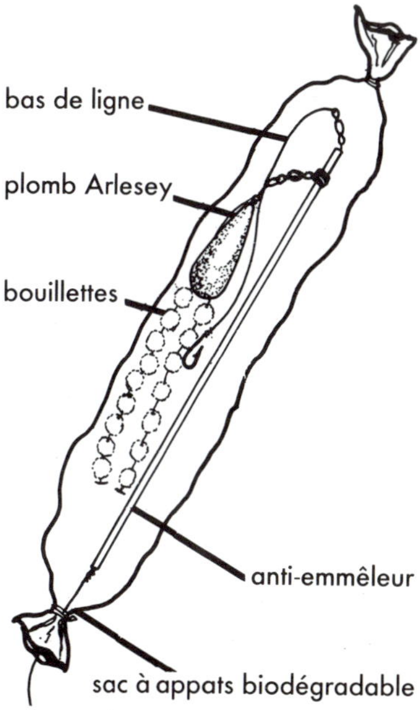


Les britanniques sont avant tout pêcheurs en eaux closes, et leur côté sportif ne prévoit pas ces amorçages préparatoires intensifs que nous pratiquons ; véritables maniaques de la précision, obsédés par l'idée de mettre leur amorce le plus près possible de leur appât, ils ont créé un accessoire supplémentaire : **le sac en PVA biodégradable**.

Ce sac se présente sous la forme d'un tube ouvert des deux côtés ou fermé à un bout dans lequel on glisse tout les éléments de son bas de ligne; on ligature sur le corps de ligne avec un fil, lui aussi biodégradable et on lance. Trente secondes plus tard, le fil de ligature et le sac auront complètement fondu et les bouillettes amorces seront rangées sur le fond près des bouillettes appâts. Ce sac a un autre avantage non négligeable : il protège les bouillettes fragiles lors du lancer et de l'impact violent avec la surface de l'eau.

## Amorce et appât personnalisés

Ce chapitre devrait vous surprendre plus encore que celui que vous venez de lire et vous persuader, s'il en est besoin, que les citoyens de Sa Majesté ne font rien comme les autres!

Le principe des Anglais est le suivant : **habituer les carpes à reconnaître et à préférer l'odeur subtile et personnelle de votre amorce et des appâts qui vont avec**. C'est très machiavélique, mais cela a au moins l'énorme avantage d'éliminer les pêcheurs concurrents; ainsi pour pêcher avec des résultats réguliers et éviter de vous faire prendre des carpes par un pêcheur venu sur votre coup, il vous suffit d'ajouter un arôme de votre choix à la composition de votre amorce.

Votre amorce et vos appâts doivent donc vous être personnels, c'est à dire que vous devez être le seul pêcheur à utiliser des ingrédients dont vous tiendrez la recette secrète.

## La méthode anglaise

La méthode est à la fois simple et compliquée. Les Anglais utilisent peu de produits différents; ils n'utilisent que des pâtes ou des bouillettes qui sont les mêmes produits fabriqués avec les mêmes ingrédients, mais sous des présentations différentes. La pâte se présente sous la forme d'une plaquette coupée en petits dés, alors que la bouillette a la forme d'une bille percée en son milieu. Les deux produits s'utilisent indifférement en amorce ou en appât.

Vous pouvez fabriquer vous-même vos bouillettes, mais votre femme ne sera sûrement pas très contente de vous voir envahir sa cuisine. **Il est préférable, surtout quand on débute, d'acheter des bouillettes et de choisir un arôme liquide dans lequel on les laissera s'imprégner** et que l'on utilisera continûment.

## La bouillette est incontournable

La bouillette, très compacte avant l'emploi, se dissout dans l'eau un peu comme un sucre, ce qui vous oblige à remonter assez régulièrement vos hameçons pour les regarnir.

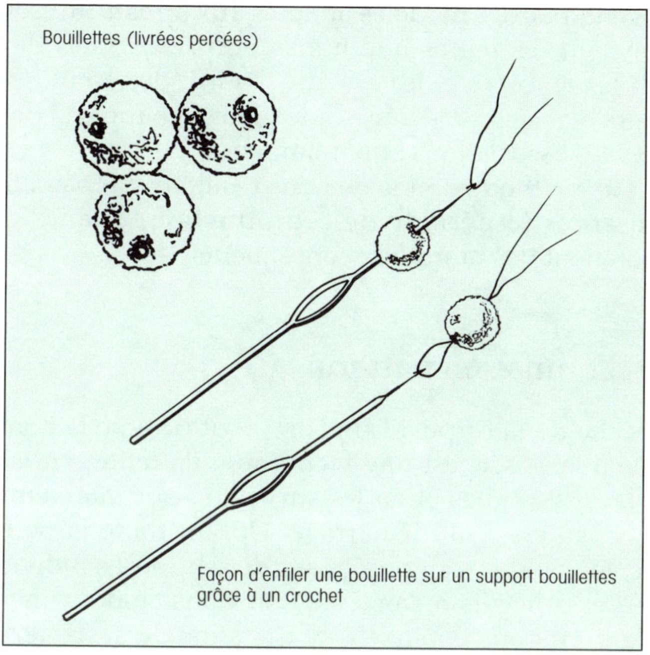


Le trou est nécessaire car il sert à passer le fil ou le cheveu sur lequel on fixe cet appât ; on y passe aussi l'hameçon quand on pêche de façon directe. Pour enfiler des bouillettes sur un fil, vous utiliserez un crochet spécial, appelé "aiguille à bouillette"; c'est beaucoup plus efficace et rapide que d'essayer de faire le montage à la main. Enfin les bouillettes enfilées sur un cheveu ou sur une potence se bloquent en nouant une barrette d'arrêt, autre accessoire spécifique indispensable.

Les bouillettes sont très riches en protéines ce qui attire tout particulièrement la carpe et elles ont un goût facilement mémorisable. Parmi les odeurs les plus utilisées, on trouve la fraise, la framboise, la cerise, la vanille, le caramel, la banane, etc… Et comme tout est logique dans la nature, il vaut mieux employer les odeurs de fruits en saison chaude et les autres odeurs en saison fraîche.

## L'amorce française utilisée à l'anglaise…

Certains pêcheurs, habitués à de très bons résultats avec leurs appâts et amorces bien françaises, continuent à les employer en pêchant à l'anglaise. Cette méthode nécessite seulement de modifier les bas de ligne en remplaçant les hameçons qui s'y trouvent, par des modèles adaptés aux appâts utilisés. Tout en respectant les règles que nous avons déjà vues de mariage entre les amorces et les appâts, il suffit de remplir ses swim-feeders a avec les mélanges adéquates. Le tout est de bien respecter les associations appât-amorce.

Cette méthode donne de bons résultats par eaux froides ou juste après la période de reproduction, quand les carpes recherchent des morceaux conséquents.

## La mise en batterie

La pêche de la carpe à l'anglaise, tout comme la bonne vieille pêche à la posée, est **une technique d'attente** ; en fait on met en place ses lignes et on les surveille pour intervenir sur une touche, suivie d'un démarrage. Durant toute la période d'attente, les cannes sont posées sur des supports, individuels à la posée et collectifs à l'anglaise, car dans ce domaine aussi les anglais ont poussé loin la sophistication du système.

Ils ont donc créé la batterie, un ensemble de supports de cannes, agrémenté par des détecteurs de touches visuels et lumineux. Une batterie peut être composée seulement de deux cannes, mais la tradition veut qu'une batterie, digne de ce nom, comporte trois cannes.

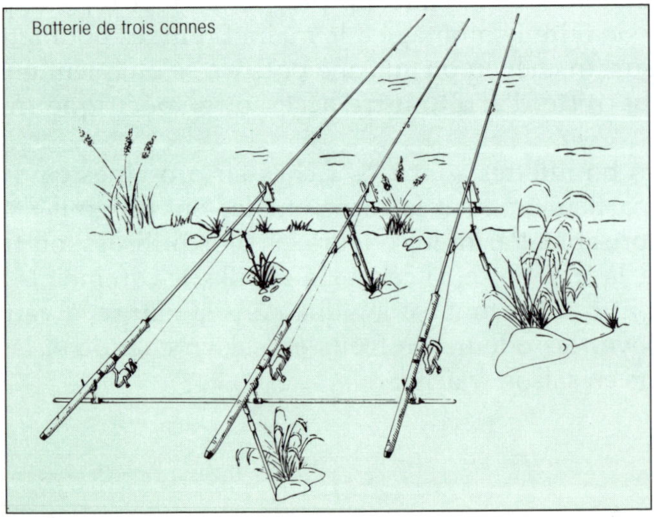
Batterie de trois cannes

La mise en place d'un tel ensemble prend du temps, mais nos voisins outre-Manche n'ont pas inventé un tel appareillage pour le plaisir de se compliquer la vie ; bien au contraire, la batterie permet de se détendre entre deux prises de carpes tout en assurant une surveillance "mécanique" sans faille. Le pêcheur le plus attentif ne peut rester suffisamment concentré pour surveiller ses fils durant des heures entières alors que les détecteurs de touches se déclenchent à la moindre traction, alertant le pêcheur plus décontracté, donc plus efficace pour la suite de l'action de pêche. En fait, c'est le but de la mise en batterie : ne pas se stresser dans une attente où le pêcheur ne doit pas quitter ses fils des yeux. De plus, ce système a été mis au point pour pêcher aussi de nuit, pratique courante en Angleterre. Les carpistes anglais se mettent à l'abri, durant la nuit, dans une tente qui abrite aussi la batterie ; les pêcheurs n'hésitent pas à dormir et en cas de touche, le détecteur concerné émet un signal sonore. Le carpiste a alors tout le temps de se réveiller et de ferrer.

**En France la pêche de la carpe de nuit est légalement interdite ; mais elle est de plus en plus tolérée** à condition de pêcher en eau close, étang ou petit lac. Cette tendance tend à se développer sous la pression d'organisateurs de concours de pêche qui mettent en place des enduros dont la durée varie de 24 à 48 heures ; les participants y sont souvent regroupés en équipes de deux pêcheurs. Les débutants ont tout intérêt à participer à ce genre de manifestations ; ils y apprendront beaucoup de choses en observant les champions.

## Les supports et détecteurs

Deux supports reçoivent chacun trois cannes. Chaque support est constitué d'un piquet télescopique qui se plante dans la berge et qui se met à la hauteur voulue.

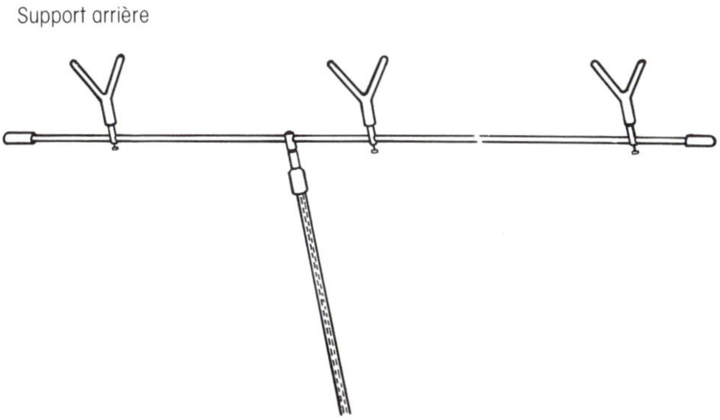

Le support arrière dispose de trois têtes en forme de V ou de U, servant à recevoir et à supporter les cannes au niveau de la poignée; sur le support avant, on met en place trois détecteurs de touches sur lesquels on pose les cannes en faisant passer les fils dans une encoche où ils sont en contact avec une roulette.

Support avant avec détecteurs de touches

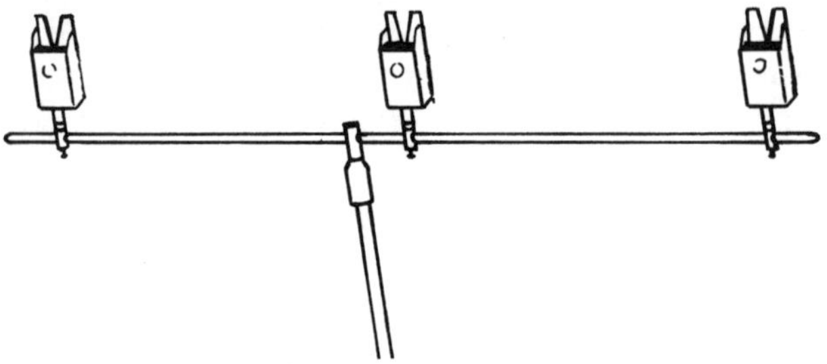

Dès qu'une carpe tire sur un appât, le fil concerné fait tourner la roulette qui déclenche un signal sonore et lumineux, indiquant ainsi au pêcheur la canne sur laquelle a lieu le départ. Certains pêcheurs disposent même de détecteurs avec

Détecteur de touches sonore et lumineux

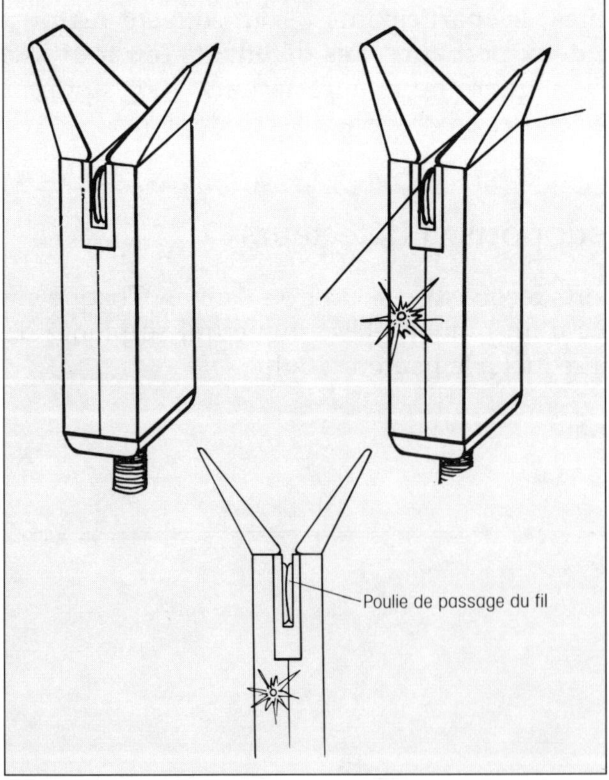

signaux lumineux de couleurs différentes. Ces détecteurs fonctionnent avec des piles et il est toujours prudent d'en avoir un certain stock avec soi.

## Les écureuils

Le nom même de l'écureuil résume bien le comportement de cet accessoire indispensable pour pêcher en batterie. On utilise un écureuil par canne ; il sert à maintenir en tension le fil, juste ce qu'il faut pour que la carpe ne ressente pas de résistance.

Un écureuil est constitué d'un piquet pour tenir verticalement dans le sol ; sur cet axe coulisse un petit tube surmonté d'une boucle dans laquelle on passe le fil de la ligne. L'écureuil se place entre les deux supports et plus précisément entre le premier et le deuxième anneau de la canne en partant de la poignée. On lance sa ligne, on passe le fil dans l'écureuil et on tend sa ligne, canne posée sur les supports, en moulinant de façon à ce que l'écureuil reste bas sur son axe ; dès qu'une carpe se manifeste l'écureuil remonte sur sa tige en maintenant toujours la même tension.

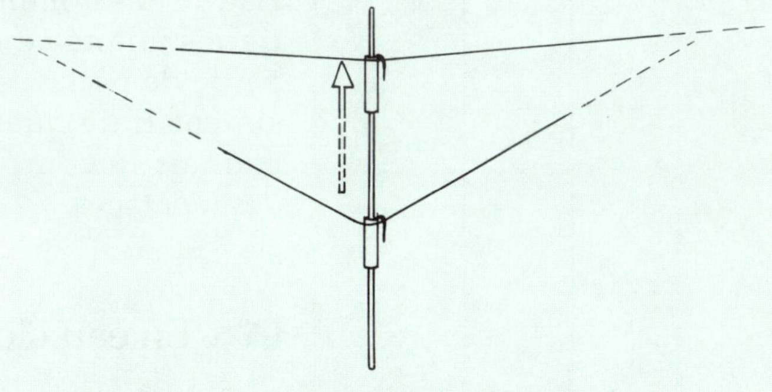

L'écureuil remonte dès que le fil se tend
sur une traction de la carpe

## Savoir disposer ses cannes

La première chose à faire lorsqu'on installe sa batterie, est de **régler la hauteur des supports de façon à ce que les cannes soient penchées vers l'avant** de telle sorte que les fils forment un angle le plus plat possible avec le plan formé par les cannes. C'est un point très important pour la mise en place de ses lignes. Plus les fils sont dans le prolongement des anneaux, moins ils offriront de résistance lors des touches ; à l'inverse, si l'angle est trop aigu, les fils frotteront trop sur les anneaux de tête et la carpe aura des doutes, avec les conséquences que l'on imagine.

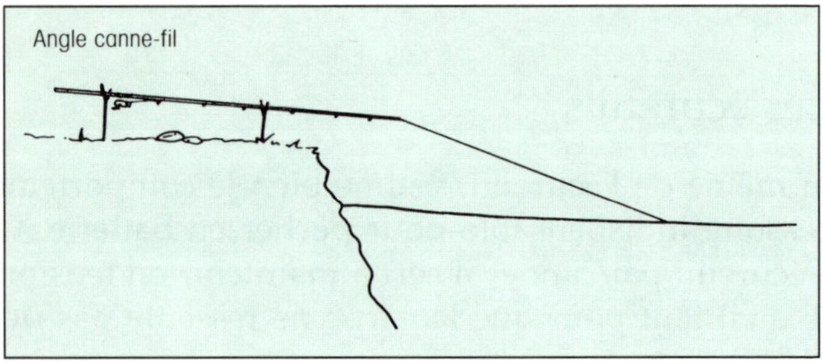


Une fois ce point réglé, on ne dispose pas ses lignes de la même manière en pêchant dans une eau sans courant ou dans une eau courante. La raison en est évidente : il ne faut pas que les lignes s'emmêlent sur un départ ou tout au moins il faut que le pêcheur ait le temps d'écarter les lignes non concernées et de prendre en mains la bonne canne. De plus en eau courante, il faut tenir compte du fait qu'un lest peut glisser et se déplacer sur le fond au risque d'emmêler les lignes ; dans ce cas la partie de pêche est quasiment finie quand on connaît la complexité des montages.

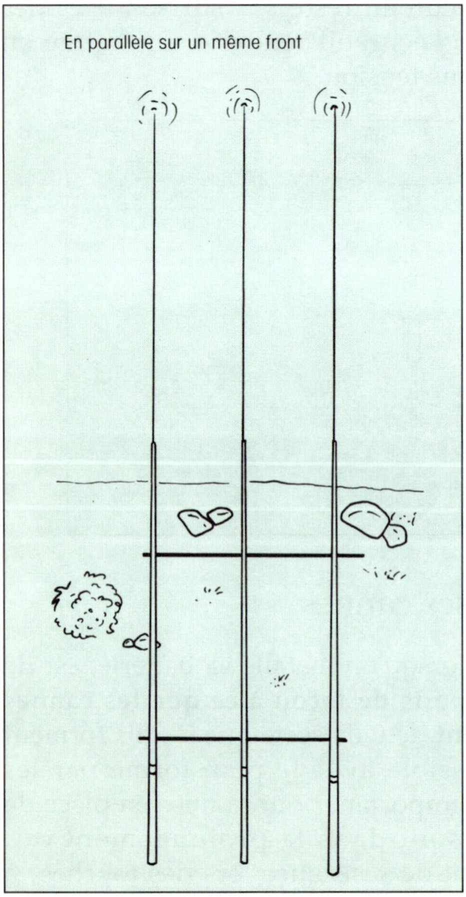


## En eau close…

La situation en eau close est la plus confortable. Mettre en place trois lignes, en éventail ou décalées, permet de prospecter une surface de fond très étendue. Seul le départ trop rapide d'une carpe peut emmêler les fils.

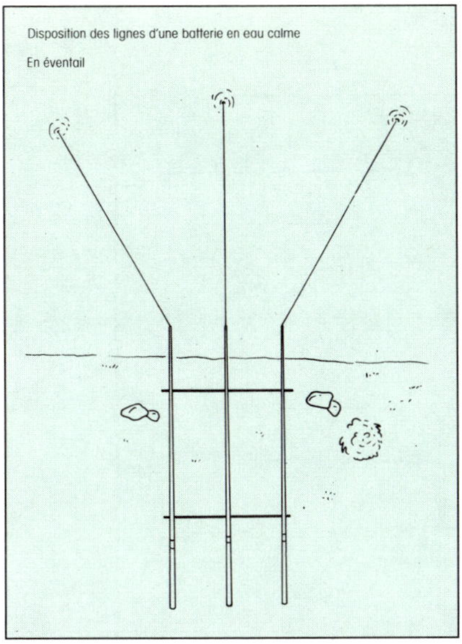


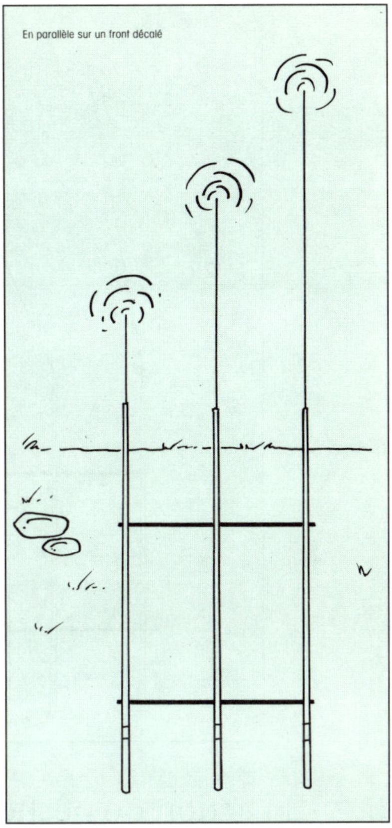


## ...Et en eau courante

En eau courante, l'ennemi est la puissance du courant. Là aussi il faut disposer ses trois lignes de façon à ce qu'elles ne s'emmêlent pas sous la traction de l'eau. Quand le courant est soutenu, la meilleure disposition est celle en parallèles décalées où les lignes subissent la même traction dans le même sens.

Quand le courant est modeste, on peut disposer ses lignes en éventail décalé, le poids des plombées maintenant les bas de ligne éloignés.

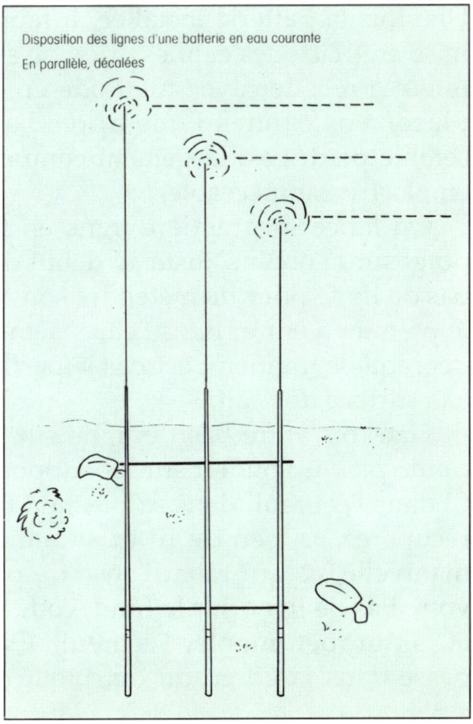

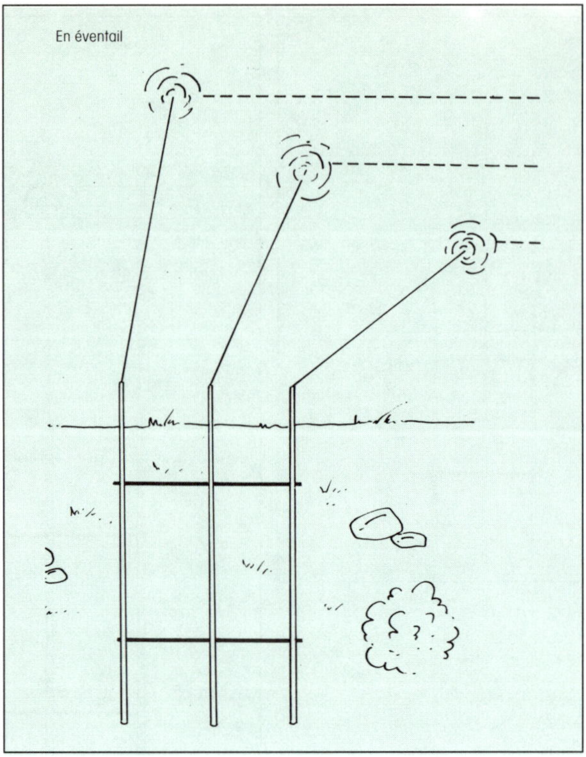


## En action de pêche

Une fois la batterie installée, il faut procéder calmement à la mise en place des cannes. Rien ne sert de se précipiter, il vaut mieux procéder avec méthode en prenant le temps de bien placer vos cannes l'une après l'autre ; le temps qui vous semble perdu, est largement compensé par la suite si la mise en place est impeccable.

On lance sa première ligne en freinant sa course avec le doigt sur la bobine, juste au début de la phase descendante du bas de ligne pour bien étendre son montage et que l'appât soit le premier à entrer dans l'eau. Même si on emploie un sac biodégradable, freiner n'est pas superflu car cela amortit l'impact à la surface de l'eau.

Une fois votre bas de ligne sur le fond, vous posez votre canne pick-up ouvert sur les supports ; puis vous passez votre fil dans l'écureuil dans sa position la plus basse. Ensuite vous récupérez un peu de fil en moulinant un ou deux tours de manivelle, ce qui rabat l'anse de pick-up, pour bien étendre votre bas de ligne sur le fond ; cette même opération tend le fil et fait un peu monter l'écureuil. Quand tout est en ordre, fil passé dans la gorge du détecteur de touche et maintenu en tension par l'écureuil, il faut régler la sensibilité du détecteur. Cela se fait en tirant un peu de fil avec une main, l'autre servant au réglage de l'appareil dont la sensibilité augmente ou diminue avec une petite molette. Enfin, c'est le moment d'agir sur le levier du moulinet qui enclenche le débrayage de la bobine.

Il ne reste plus qu'à recommencer la même opération pour les autres cannes.

Par contre si vous pêchez avec des sacs biodégradables, il faut attendre un peu plus de trente secondes pour récupérer du fil.

## Mais pas de panique…

Dès que le signal lumineux ou sonore se déclenche sur la batterie, gardez votre calme car, souvent, la carpe prend son temps pour mâchonner l'appât. Vous devez d'abord bien identifier la canne concernée; il n'est pas si rare, l'émotion aidant de se tromper de ligne. Ensuite il vous faut dégager la ligne intéressée soit en éloignant les autres cannes, soit en prenant la bonne canne après avoir ôté le fil de l'écureuil et en vous déplaçant sur la berge hors de l'aire de la batterie tout en laissant partir du fil pour que la carpe ne se doute de rien. Une fois que le départ est franc, il faut ferrer d'un geste à la fois rapide et ample à cause de la distance où s'est faite la touche.

Il ne vous reste plus qu'à être patient et savoir fatiguer la carpe suffisamment pour ne pas rater sa mise à l'épuisette. N'oubliez jamais que la pêche de la carpe à l'anglaise est synonyme de montages fins!

# Les meilleurs coins à carpe

La carpe est un poisson commun de nos eaux douces ; on la trouve donc sur **toute l'étendue de notre hexagone**. Cependant sa répartition géographique n'est pas égale partout. Ce poisson aime les eaux chaudes et les rivières et pièces d'eau de la moitié sud de la France lui sont un lieu de prédilection, en particulier la région méditerranéenne. Il est par contre absent des torrents ou ruisseaux de montagne alimentés par des eaux froides ; ainsi certaines régions où l'altitude domine, comme les Alpes, le Jura, les Pyrénées et le Massif Central, ne sont pas des zones à carpe. Mais il arrive quand même qu'on puisse en pêcher dans des lacs ou des étangs peu profonds, isolés des eaux froides et bien exposés au soleil.

Cependant des régions peu favorables à cause des conditions météorologiques, peuvent quand même être d'excellentes zones à carpe, et ce pour une raison essentielle : la densité de nourriture. Cette densité se trouve le plus souvent dans des eaux riches en végétation aquatique ; enfin d'autres régions où les courants sont lents à cause du manque de pente, sont aussi très acceptables pour leur cheptel carpes.

## *Bassin de la Mer du Nord*

Ce bassin hydrographique dont les conditions météorologiques devraient décourager la pêche de la carpe abrite de bonnes populations. Les régions sont souvent très planes ce qui entraîne des rivières lentes qui sont en plus peu profondes et faciles à réchauffer. Mais ce bassin ne donne de bons résultats que durant une période limitée qui va de juin à la mi-septembre.

**Pas de Calais**
- le canal de Saint-Omer à Calais et tous les petits canaux tributaires
- les marais de Saint-Omer
- le lac d'Ardes
- le lac d'Harchelles
- l'étang d'Helfaut
- l'étang de Malhove
- l'étang de Beauséjour
- l'étang de Becquerel
- l'étang du Grand Marais près d'Ecourt-Saint-Quentin
- les étangs de Brimeux

**Nord**
- le lac du Val-Joly
- le lac d'Aubigny

**Ardennes**
- l'Aire sur tout son parcours
- le canal des Ardennes
- le canal latéral à l'Aisne
- l'étang de Bairon
- le lac des Vieilles forges près de Charleville

**Meuse**
- la Meuse sur tout son cours
- le canal de l'Est
- le canal de la Marne au Rhin
- le lac de Madine près de Metz

**Meurthe-et-Moselle**
- la Moselle sur tout son cours
- le canal de la Marne au Rhin
- le canal de l'Est
- le lac de Madine
- l'étang de Parroy

**Moselle**
- l'Albe sur tout son cours
- la Bisten
- la Nied réunie
- la Moselle sur tout son cours
- la Seille sur tout son cours
- l'étang du Stock près de Sarreboug
- l'étang de Gondrexange
- l'étang de Mittersheim
- l'étang de Réchicourt

**Vosges**
- la Meurthe sur tout son cours
- la Moselle sur tout son cours
- le canal de l'Est

**Bas-Rhin**
- le Rhin sur tout son cours
- le bassin de Plobsheim

**Haut-Rhin**
- le Rhin sur tout son cours
- le grand canal d'Alsace
- les étangs du Sundgau

## *Bassin de la Manche*

Le grand bassin parisien est une bonne région à carpe et même Paris est un coin de pêche intéressant; mais c'est surtout la vallée de la Seine et ses affluents lents qu'il faut prospecter. Par contre les rivières normandes abritent peu de carpes que l'on trouve pour l'essentiel dans les pièces d'eau. Il en va de même pour les régions Bourgogne et Picardie.

**Seine-Maritime**
- la Seine avant l'influence de la marée
- les étangs d'Arques-Saint-Aubin-le-Cauf
- les étangs de Jumièges-Mesnil-sous-Jumièges
- les étangs d'Anneville
- les étangs de Tourville-la-Rivière

**Oise**
- la vieille Oise, non canalisée sur tout son cours
- l'Aisne sur tout son cours
- le canal de l'Ourcq
- les étangs Saint-Pierre, de la Rouillie et de l'Etôt près de Vieux-Moulin
- les étangs de Milly-sur-Thérain
- les étangs de Chantilly

**Aisne**
- l'Aisne sur tout son cours
- la Marne sur tout son cours
- le lac de Monampteuil

**Seine**
- la Seine sur tout son cours

**Yvelines**
- la Seine sur tout son cours
- l'Oise sur tout son cours
- l'Epte
- l'étang Giboin près d'Epône
- la sablière de Gassicourt
- la sablière de Lavacourt
- l'étang des Noës près du Mesnil-Saint-Denis
- l'étang de Montesson
- les étangs de la forêt de Rambouillet
- l'étang de Saint-Quentin
- l'étang de Hollande

**Essonne**
- la Seine sur tout son cours
- l'Essonne sur tout son cours
- la ballastière des Mousseaux près de Draveil
- les étangs de Vert-le-Petit

**Val-d'Oise**
- la Seine sur tout son parcours
- l'Oise sur tout son parcours
- les étangs de Cergy-Neuville
- le lac d'Enghien
- l'étang de Vallières près de Santeuil
- les étangs de Royaumont et de la Reine Blanche

**Seine-et-Marne**
- la Marne sur tout son cours
- le Petit Morin
- la Seine sur tout son cours
- le canal de Bray-sur-Seine
- l'Yonne sur tout son cours
- les étangs de la région de Bray-sur-Seine

**Aube**
- la Seine en deuxième catégorie
- l'Aube en deuxième catégorie
- le canal de la Haute-Seine
- le lac de la forêt d'Orient
- la ballastière de Rumilly-les-Vaudes

**Marne**
- la Seine sur tout son cours
- l'Aube sur tout son cours
- le canal des Ardennes
- le lac de Der-Chantecoq

**Haute-Marne**
- la Meuse sur tout son cours
- le Salon
- le canal de la Marne
- le lac de Der-Chantecoq
- le lac de la Liez près de Langres
- le lac de Charmes près de Langres

**Côte-d'Or**
- le Serein
- la Saône sur tout son cours
- la Dheune
- le canal de la Marne à la Saône
- le lac de Pont près de Semur-en-Auxois
- le réservoir de Cercey près de Pouilly-en-Auxois
- le réservoir de Panthier près de Créancey
- le réservoir de Grosbois-en-Montagne près de Sombernon
- le réservoir de Chazilly
- le réservoir du Tillot près de Rouvres-sur-Meilly
- l'étang de Marcenay
- les sablières de Bressey près de Dijon

**Yonne**
- l'Yonne sur tout son cours
- le Loing en deuxième catégorie
- le réservoir des Beaurois près de Bléneau
- le réservoir de la Cahauderie près de Bléneau
- l'étang du Grand Bouza près de Saint-Privé
- l'étang Lelu près de Saint-Marin-des-Champs
- le lac du Bourdon près de Saint-Fargeau
- l'étang de Moutiers près de Saint-Sauveur
- l'étang de la Grande Rue près de Bléneau

**Orne**
- la Même en deuxième catégorie
- le lac de Rabodanges près de Putanges
- le lac de Saint-Philibert près de Pont-d'Ouilly

**Manche**
- la Vire en deuxième catégorie domaine public
- le lac de Vézins sur la Sélune
- le lac de la Roche-qui-Boit sur la Sélune

## *Bassin de l'Atlantique*

C'est le meilleur bassin hydrographique pour pêcher la carpe, surtout dans son fleuve royal, la Loire. De nombreuses rivières ont peu de courant et les pièces d'eau situées hors des reliefs sont chaudes durant de nombreux mois; la saison de la carpe va en général du mois de mai à la fin septembre.

**Finistère**
- l'Aulne en deuxième catégorie
- l'étang de Huelgoat
- l'étang de Lannorgant
- l'étang de Kerlouan près de Brest
- l'étang de Roual près de Dirinon

**Morbihan**
- l'étang de Noyalo près de Vannes

**Ille-et-Vilaine**
- la Vilaine en aval de Rennes

**Mayenne**
- l'étang d'Ernée
- l'étang des Perles près de Villaines-la-Juhel

**Sarthe**
- la Sarthe en deuxième catégorie

**Loire-Atlantique**
- le canal de Nantes à Brest
- l'étang de la vallée Mabille près de Savenay
- la Grande Brière

**Loir-et-Cher**
- le Loir sur tout son cours
- la Loire sur tout son cours
- le Beuvron
- le Cher sur tout son cours
- le canal du Berry
- le lac de Loire près de Vineuil
- l'étang de Boisvinet près de Saint-Avis

**Loiret**
- la Loire sur tout son cours
- la Cheuille
- le Cosson
- le canal de Briare et du Loing
- le canal d'Orléans
- les étangs du domaine du canal d'Orléans
- le réservoir du canal de Briare
- le lac des Closiers près de Montargis
- les étangs d'Amilly
- les étangs de Nogent-sur-Vernisson

**Maine-et-Loire**
- la Loire sur tout son cours
- la Sèvre Nantaise sur tout son cours

**Allier**
- l'étang de Pirot près de Cerilly
- l'étang des Forges près de Saint-Bonnet

**Nièvre**
- l'Yonne en deuxième catégorie
- la Loire sur tout son cours
- l'Allier sur tout son cours
- le canal latéral à la Loire
- le lac de Chaumeçon
- le lac de Crescent
- l'étang de Vaux
- l'étang de Baye

**Loire**
- la Loire sur tout son cours
- le canal de Roanne

**Puy-de-Dôme**
- la Dore en deuxième catégorie
- le lac de Bort-les-Orgues

- le lac des Fades sur la Sioule

**Tarn**
- le Tarn en deuxième catégorie domaine public
- l'Agout en deuxième catégorie
- le lac de Rivières près de Gaillac

**Tarn-et-Garonne**
- le Tarn sur tout son cours
- le lac de Beaumont-de-Lomagne

**Aveyron**
- le lac de Castelnau-Lassouts
- le lac de Pareloup sur le Vioulou
- le lac de Villefranche-de-Panat

**Gers**
- le Gers en deuxième catégorie
- l'Adour sur tout son parcours
- le lac de l'Astarac sur l'Arratz

**Gironde**
- l'étang de Lacanau
- l'étang de Cazaux-Sanguinet
- le lac de Bordeaux

**Landes**
- l'Adour sur tout son cours
- le lac de Biscarosse-Parentis
- l'étang de Soustons

**Pyrénées-Atlantiques**
- l'Adour sur tout son cours

**Ariège**
- l'Hers en deuxième catégorie
- l'Arize en deuxième catégorie

**Haute-Garonne**
- le Tarn sur tout son cours
- le Grand l'Hers
- la Louge en deuxième catégorie
- les lacs de Peyssiès près de Carbonne
- le lac de Boussens-Palamyni près de Roquefort-sur-Garonne

**Dordogne**
- l'étang du Touroulet près de Chalais
- l'étang de Miallet près de Chalais
- le grand étang de Saint-Estèphe près de Nontron
- le grand étang de la Jemaye près d'Echourgnac
- l'étang de Groulier près de Busserolles

**Lot**
- le Lot sur tout son cours
- l'étang de Catus
- le lac de Cazals
- l'étang d'Assier

**Lot-et-Garonne**
- la Garonne sur tout son cours
- le Gers en domaine privé

**Creuse**
- la Creuse en deuxième catégorie
- le lac de Lavaud-Gelade près de Ryère
- le lac de la Roche-Thalamie près de Chatelus-le-Marcheix

**Haute-Vienne**
- l'étang de Sagnat près de Bessines-sur-Gartempe
- l'étang de Murat

**Charente**
- la Vienne sur tout son cours
- la Charente sur tout son cours
- le Né
- la Dronne
- la Lizonne
- la Tude

**Charente-Maritime**
- le lac du Mignon près de la Grève-sur-Mignon

**Deux-Sèvres**
- la Sèvre Niortaise en deuxième catégorie domaine public

**Vendée**
- la Sèvre Niortaise sur tout son cours

**Indre**
- le Nahon
- l'Indre en deuxième catégorie
- l'Anglin en deuxième catégorie
- les sablières des Planches près de Châteauroux

**Indre-et-Loire**
- la Loire sur tout son cours
- le Cher sur tout son cours
- l'Indre sur tout son cours

## *Bassin de la Méditerranée*

En théorie ce bassin devrait le meilleur et de loin; les rivières et pièces d'eau du bord de la Méditerranée ont des eaux relativement chaudes durant une longue période. Mais la réalité est malheureusement bien différente car nombreuses sont les rivières qui subissent des assecs, ce qui entraîne une raréfaction de certaines espèces dont la carpe. De plus ce bassin draine beaucoup de zones montagneuses, peu propice à la carpe; reste le couloir Saône-Rhône où l'on trouve de très bons coins.

**Doubs**
- le Doubs en deuxième catégorie domaine public

**Jura**
- le Doubs sur tout son cours
- l'Ain en amont du Pont du Navoy
- le barrage de Vouglans
- le lac du Val-Dessus près de Doucier

**Saône-et-Loire**
- la Saône sur tout son cours
- la Loire sur tout son cours

**Ain**
- la Saône sur tout son cours

- l'Ain en deuxième catégorie domaine public
- la Saône sur tout son cours
- le lac de Nantua

**Rhône**
- la Saône sur tout son cours

**Hautes-Alpes**
- le lac de Siguret

**Pyrénées-Orientales**
- le lac de Villeneuve-de-la-Raho près de Perpignan

**Hérault**
- le lac du Salagou

**Bouches-du-Rhône**
- le contre-canal du Rhône
- le canal de Fume-Morte
- l'étang d'Entressenprès de Istres
- les étangs du Landre

**Var**
- le lac de Saint-Cassien

# Le plaisir gourmand

La carpe saigne beaucoup lorsqu'on la prépare et cela lui donne mauvaise réputation auprès de nombreuses ménagères ; de plus, bon nombre de personnes trouve que sa chair sent la vase. Il suffit de saigner sa carpe sur le terrain avant de la ramener chez soi et, une fois découpée, la chair doit être mise durant 24 heures dans de l'eau additionnée de vinaigre dans la proportion de 10 %. Après l'avoir laissée égoutter et passée à l'eau, la chair de la carpe aura perdu toute odeur. La carpe est un poisson apprécié depuis l'antiquité et encore aujourd'hui elle est cuisinée par des grands chefs dans des régions comme la Dombes où ce poisson connaît un fort renouveau. D'ailleurs, il est bon de savoir que la France exporte un tonnage appréciable de filets de carpe pré-cuisinés, en particulier vers l'Allemagne et Israël.

Essayez donc une de ces recettes prévues pour six bons mangeurs.

## *Carpe à la polonaise*

*1 carpe de grosseur moyenne, 125 g de pain d'épice, 4 échalotes, 1 oignon, du beurre, 3 cuillères à soupe de sucre en poudre, du vin rouge, une douzaine d'amandes, du sel et du poivre.*

◆

Parsemez le fond d'une poissonnière avec l'oignon et les échalotes hachés, ainsi qu'avec le pain d'épice coupé en dés. Ouvrez la carpe, assaisonnez-la et placez-la sur la grille de la poissonnière. Mouillez la carpe à peu près sur toute sa hauteur avec le vin rouge et le fond du poisson, dans la proportion de deux tiers du premier et d'un tiers du second.

Faites braiser doucement en arrosant de temps en temps. Faites cuire en caramel blond deux cuillères de sucre en poudre et faites dissoudre avec quelques cuillerées de vin. Lorsque la carpe est cuite, égouttez-la et dressez-la sur un plat de service. Passez le fond de cuisson à l'étamine et réduisez-le à environ 1/2 litre; ajoutez-le au sucre dissous. Faites chauffer, beurrez légèrement et ajoutez les amandes effilées et dorées à l'entrée du four. Servez cette sauce à part.

### Carpe en écusson

*Des petites carpes, de la mie de pain, de la crème, du persil, de la ciboulette, du sel, 6 jaunes d'œufs, du beurre, 100 g de truffes, 6 queues d'écrevisse, des échalotes et du poivre.*

◆

Enlevez la peau des carpes totalement après les avoir écaillées. Prenez la chair pour en couper la moitié en petits filets. Faites une farce avec l'autre moitié de la chair, les laitances, un peu de mie de pain passée avec la crème, le persil, la ciboulette, les échalotes, le sel, le poivre et liez avec les jaunes d'œufs et un peu de beurre. Coupez des mies de pain de la grandeur d'un gros écusson. Mettez ensuite sur chacune un peu de cette farce sur laquelle vous arrangerez les filets de carpe avec des filets de truffes et une queue d'écrevisse au milieu. Remettez de la farce et une seconde couche de filets que vous couvrez du reste de farce. Dorez tout le dessus avec de l'œuf battu pour y faire tenir la peau de la carpe que vous aurez coupée de la grandeur du creux de la main pour qu'elle enveloppe tout le dessus; faites cuire au four à chaleur modérée. Servez avec une sauce faite avec des restes de la carpe, du vin de Champagne et le coulis.

### Carpe farcie à l'ancienne

*1 carpe moyenne, du pain, des champignons de Paris, des truffes, des queues d'écrevisses, du vin de Madère.*

◆

Écaillez la carpe et levez-en les chairs. Faites une quantité de farce proportionnée au volume de la carpe que vous aurez à former d'après les détails suivants :

Coupez la tête et la queue du poisson, en laissant dépasser 3 cm d'arêtes qui vous serviront à fixer la tête et la queue dans la farce. Taillez une lame de pain de 10 cm de largeur sur 1 cm d'épaisseur, et de la longueur que la carpe finale doit avoir. Faites un ragoût avec les laitances de carpe, les champignons, les truffes et les queues d'écrevisses. Mêlez la moitié de ce ragoût avec une espagnole très réduite au vin de Madère.

Posez la lame de pain sur le plat et placez aux deux extrémités la tête et la queue de la carpe que vous avez coupées. Formez la carpe et lorsqu'elle est formée, pratiquez dans le milieu avec la cuillère à ragoût, une cavité assez grande pour contenir la moitié du ragoût que vous venez de saucer. Recouvrez la cavité de farce d'une épaisseur de 2 cm ; finissez la carpe en lissant avec la lame du couteau humecté. Dorez légèrement le dessus, marquez les écailles avec le manche d'une cuillère, puis faites pocher au four. Saucez l'autre partie du ragoût avec une espagnole réduite au vin de Madère. Disposez cette autre partie du ragoût de chaque côté de la carpe sans en verser dessus et servez.

### *Matelote de carpe et d'anguille*

*1 carpe, 1 anguille, 60 g de beurre, 20 petits oignons, 40 g de farine, 1 litre de vin rouge, 1 bouquet garni et 1 gousse d'ail.*

◆

Prenez la carpe, videz et écaillez-la. Préparez l'anguille comme suit : retirez la première peau ; faites une légère incision sur le ventre à 6 cm de la tête pour vider les intestins. Échaudez l'anguille afin de retirer la deuxième peau qui est huileuse et qui rend souvent ce poisson difficile à digérer. Pour échauder l'anguille, faites bouillir de l'eau dans une casserole d'une contenance de 4 litres ; lorsque l'eau bout, retirez la casserole du feu, plongez-y l'anguille et couvrez la casserole de son couvercle. Laissez l'anguille dans l'eau pendant 3 minutes ; retirez-la de l'eau et enlevez facilement cette deuxième peau avec un torchon. Si certaines parties ne peuvent s'enlever la première fois, remettez le poisson dans l'eau bouillante pour achever l'opération.

L'anguille étant ainsi dépouillée, coupez à vif avec un couteau les barbes qui sont sur le dos et celles qui sont sur le ventre. Taillez la carpe et l'anguille en morceaux de 4 cm. Mettez dans une casserole d'une contenance de 3 litres, le beurre et les petits oignons blanchis et épluchés. Faites revenir les oignons pour qu'ils prennent couleur, et lorsqu'ils sont colorés, ajoutez la farine ; remuez pendant 10 minutes. Ajoutez le vin rouge, 2 pincées de sel, 2 prises de poivre, un bouquet garni double, 1 gousse d'ail non épluchée ; faites mijoter 20 minutes, la casserole entièrement couverte. Puis mettez les tronçons d'anguille et faites cuire pendant 15 minutes. Mettez les morceaux de carpe sur l'anguille ; ajoutez de l'eau de vie et faites mijoter pendant 10 minutes.

Goûtez pour l'assaisonnement qui doit être relevé ; retirez l'ail et le bouquet. Dressez en rocher et couvrez avec les oignons et la sauce.

## *Carpe à la bière*

*1 carpe de grosseur moyenne, de la bière brune, du beurre, 3 oignons, 1 brindille de thym, 1 feuille de laurier, 1 morceau de céleri, du gros poivre, 1 clou de girofle, 45 g de pain d'épice et du sel.*

◆

Écaillez et videz la carpe de grosseur moyenne et laitée. Réservez la laitance. Levez les deux filets en suivant l'arête et en laissant une moitié de la tête adhérente à chaque filet. Ayez soin d'enlever la pierre d'amertume qui se trouve dans la tête ; faites fondre au beurre et à blanc les oignons finement émincés et étalez ces oignons sur une plaque ; puis ajoutez le thym, une parcelle de la feuille de laurier, le céleri, le gros poivre, le clou de girofle et le pain d'épice coupé en dés. Placez dessus les filets de carpe assaisonnés de sel et de poivre. Mouillez juste à hauteur avec de la bière brune et faites cuire pendant 25 minutes. Pochez la laitance à l'eau salée et acidulée. Égouttez et dressez les filets ; passez à l'étamine la cuisson qui se trouve naturellement liée par le pain d'épice. Chauffez ce coulis et beurrez légèrement. Versez le coulis sur les filets de carpe et entourez-les avec les laitances escalopées.

Achevé d'imprimer en septembre 1994
sur les presses de la Nouvelle Imprimerie Laballery
58500 Clamecy
Dépôt légal : septembre 1994
Numéro d'impression : 408040

*Imprimé en France*